DOC EN POCHE
ENTREZ DANS L'ACTU

France 2023

Les données clés

DOC EN POCHE
ENTREZ DANS L'ACTU

Responsable de la collection
Carine Sabbagh

Assistante éditoriale
Emma Legeay

Conception graphique
Hervé Le Quellec

Mise en page
Dominique Sauvage

Infographies
Studio graphique de la Dila

Équipe de rédaction
Laure Arcizet, Delphine Dorier, Jérôme Gallois, Pierre-Alain Gréciano, Emma Legeay, Sébastien Lehéricey, Carine Sabbagh, Nicholas Tokay, Alexandre Verlet

ISBN : 978-2-11-157708-4

France 2023

Sommaire

France 2023

Préambule

Préambule

Inflation, réchauffement climatique, guerre en Ukraine, nouveau quinquennat… quelques exemples, parmi bien d'autres, de sujets au cœur de l'actualité. Place aux faits et aux chiffres qui permettent leur mise en perspective et brossent un portrait de la France en 2022-2023.

Ce livre se présente comme un « tableau de bord » de la France. Grâce à ce *vade-mecum*, le lecteur pourra retrouver rapidement un chiffre, une date ou la référence d'un texte législatif, et enrichir ses connaissances. Un parcours linéaire de l'ouvrage ou une lecture privilégiant des entrées particulières permettent de comprendre quels sont les grands thèmes qui structurent la vie nationale et d'apprécier les enjeux dont ils sont porteurs. Le lecteur pourra souvent mesurer l'ampleur des transformations accomplies dans la société française ou les problèmes auxquels celle-ci fait face. Au terme d'une année 2022 qui a vu la réélection d'Emmanuel Macron à la présidence de la République et la mise en place d'une nouvelle Assemblée nationale où celui-ci ne dispose plus d'une majorité absolue, c'est aussi, en creux, une rapide leçon d'histoire et de sociologie qui s'esquisse.

L'économie au temps de la Covid-19

Depuis la fin des Trente Glorieuses, dans la première moitié des années 1970, l'économie est devenue omniprésente dans les préoccupations des dirigeants politiques mais aussi de l'ensemble des Français. Au fil des décennies s'est installée la répétition d'un vocabulaire inquiétant : déficit budgétaire, endettement, déséquilibre de la balance commerciale, perte de compétitivité, chômage… Certains mots sont devenus plus rares mais peuvent revenir au premier plan, comme en 2021-2022 pour l'inflation, tandis que d'autres voyaient leur occurrence fortement augmenter : politique de l'offre, allègement des charges pour les entreprises, flexibilisation du marché du travail…

En 2018 et 2019, juste avant l'épidémie de la Covid-19, la tendance était favorable malgré un ralentissement de la croissance en 2019 par rapport à 2018, avec un déficit public ne dépassant pas le seuil des 3 % du produit intérieur brut (PIB) et surtout une diminution du nombre des personnes sans emploi. Ce recul était lent mais la décrue s'est poursuivie et, en 2019, en moyenne annuelle, les chômeurs représentaient 8,4 % de la population active, soit la meilleure performance depuis 2008. Le chômage en France demeurait cependant plus élevé que dans la majorité des pays comparables (7,5 % dans la zone euro en 2019). Depuis plusieurs années, les politiques mises en œuvre tendent à alléger la fiscalité des entreprises et à accroître la flexibilité du marché du travail.

L'économie de l'Hexagone bénéficie par ailleurs en temps normal d'une productivité qui est l'une des plus fortes des pays industrialisés, ainsi que de l'implantation d'entreprises étrangères. De même, les investissements étrangers y demeurent élevés, du fait notamment du bon niveau de qualification de la main-d'œuvre, d'un management souvent apprécié, d'infrastructures et de services publics de qualité. De plus, le pouvoir d'achat des ménages, après une stagnation consécutive à la crise de 2008, est globalement à la hausse en dépit de l'augmentation des prix en 2021. Néanmoins, un certain nombre de points noirs subsistent.

Tout d'abord, la France, qui compte parmi les pays les plus compétitifs, souffre toujours d'un déficit commercial important et ses parts de marché au sein de la zone euro sont en recul. Trop souvent, le rapport qualité-prix de ses produits n'est pas assez satisfaisant et ses dépenses en recherche et développement demeurent insuffisantes. On constate également un taux d'activité (rapport entre le nombre d'actifs et l'ensemble de la population correspondante) inférieur à celui de la plupart des économies avancées, avec un sous-emploi des personnes âgées de 55 à 64 ans. En outre, la France occupe le premier rang des pays de l'OCDE en termes de pression fiscale, pression que les pouvoirs publics entendent réduire.
La découverte d'un premier cas de la Covid-19 en Chine, fin 2019, puis la propagation du virus à l'ensemble des pays du monde ont contribué à bouleverser la donne économique. En France, l'État a mobilisé des moyens exceptionnels. Si, en dépit de cela, le PIB a enregistré un recul historique de 7,9 % en 2020, au troisième trimestre de 2021, il avait retrouvé son niveau d'avant la crise sanitaire (Insee, point de conjoncture du 7 septembre 2022).

Une inflation galopante

Les prix à la consommation devraient accélérer de 5,5 % en moyenne annuelle en 2022, avec des « pointes » particulièrement élevées (+ 6,1 % en glissement annuel en juillet et + 5,9 % en août). Cette tendance, qui constitue une première en France depuis près de quarante ans (la barre des + 5 % n'avait plus été franchie depuis septembre 1985), s'explique par les effets inflationnistes, d'une part, de la vigoureuse reprise économique mondiale postérieure aux restrictions imposées face à la pandémie et, d'autre part, de la politique de relance massive mise en œuvre depuis

2020 par le gouvernement français. Cette tendance a été largement accentuée par l'attaque de l'Ukraine déclenchée par la Russie le 24 février 2022, qui a causé d'importants problèmes d'approvisionnement notamment en matières premières, renchérissant du même coup le prix de celles-ci. Plus précisément, ce sont les postes « énergie » et « alimentation » qui ont connu les augmentations les plus fortes, le prix élevé des carburants à la pompe rognant tout particulièrement le pouvoir d'achat des ménages motorisés.
Le gouvernement a adopté, en 2021-2022, un certain nombre de mesures visant à lisser les effets de l'inflation sur le budget des ménages, en particulier :
– le versement d'une « indemnité inflation », d'un montant de 100 euros, au bénéfice de toute personne dont la rémunération, entre le 1er janvier et le 31 octobre 2021, était inférieure à 26 000 euros bruts (loi de finances rectificative du 1er décembre 2021) ;
– une « remise carburant » initialement de 18 centimes par litre (TVA incluse), appliquée du 1er avril au 31 décembre 2022 ; la revalorisation de plusieurs allocations (retraites, minima sociaux…) et, entre autres, l'instauration de la prime de partage de la valeur à la place de la prime exceptionnelle de pouvoir d'achat (Pepa) (loi du 16 août 2022 portant mesures d'urgence pour la protection du pouvoir d'achat) ;
– le relèvement (de 0,5 % à 1 % au 1er février 2022, puis à 2 % au 1er août) du taux de rémunération du livret A, produit d'épargne phare des ménages français.
Les revalorisations successives du smic (dont la dernière au 1er août 2022) vont dans le même sens. Toutefois, selon certains économistes, une augmentation générale des salaires alimenterait la boucle prix-salaires-prix (et, donc, l'inflation) dès lors qu'elle serait répercutée par les entreprises dans leurs prix de vente afin de ne pas réduire leurs marges.

Au sein de la zone euro, où l'inflation conduit mécaniquement à une hausse des taux d'intérêt, mettant ainsi à mal la solvabilité des États membres les plus endettés (ex. Italie), la Banque centrale européenne (BCE) a annoncé, le 21 juillet, le 8 septembre puis le 27 octobre 2022, le relèvement de ses trois taux directeurs, une première depuis 2011.

Dérèglement climatique : un constat alarmant

L'épisode de canicule que plusieurs pays européens, dont la France, ont connu durant l'été 2022, avec son cortège d'incendies dévastateurs, ne constitue qu'une des conséquences, parmi d'autres, du réchauffement climatique de la planète. Or, celui-ci est irrémédiable, selon le deuxième volet du rapport du Groupe d'experts intergouvernemental sur l'évolution du climat (Giec), paru en février 2022 ; et ce, même dans l'hypothèse où l'objectif de limitation de ce réchauffement de 1,5 °C par rapport à l'ère préindustrielle, tel que fixé par l'accord de Paris de 2015, serait respecté. Afin de « limiter les dégâts », le Giec appelle, dans le troisième volet de son rapport (avril 2022), à l'adoption de mesures fortes telles que la substitution de sources d'énergie bas carbone ou neutres (hydroélectricité, photovoltaïque, éolien…) aux énergies fossiles (charbon, pétrole, gaz) ou le déploiement de politiques d'économies d'énergie à grande échelle.

En France, dans le cadre du gouvernement formé le 20 mai 2022 à l'issue de l'élection présidentielle, le domaine environnemental a été pris en charge par deux ministères (de la Transition écologique et de la Cohésion des territoires ; de la Transition énergétique) ; en sus, la Première ministre, Élisabeth Borne, s'est vu confier la planification écologique. Lors de sa déclaration de politique générale du 6 juillet

2022, cette dernière a affirmé : « Nous voulons être, nous serons, la première grande nation écologique à sortir des énergies fossiles. » Pour y parvenir, le choix est fait « d'un mix énergétique équilibré autour des énergies renouvelables et du nucléaire », conformément à ce qu'avait annoncé le président Emmanuel Macron le 10 février précédent. Plusieurs mesures concrètes ont été alors avancées par la cheffe du gouvernement, comme la prise de contrôle de 100 % du capital d'EDF (entérinée par la loi du 16 août 2022 de finances rectificative pour 2022), ou l'amplification du dispositif MaPrimeRenov', qui permet de financer les dépenses engagées par les ménages pour les travaux d'amélioration de la performance énergétique de leur logement. Parallèlement, face aux fortes tensions sur les approvisionnements énergétiques liées notamment à la guerre en Ukraine, le gouvernement a mis en œuvre un plan d'action visant à réduire la consommation d'énergie de 10 % au niveau national d'ici à 2024.

Politique étrangère : la guerre aux marges orientales de l'Europe

Le 24 février 2022 au matin, les troupes russes ont envahi l'Ukraine dans le cadre de ce qui est présenté par Moscou comme une « opération militaire spéciale ». Depuis 2014, les deux pays s'affrontaient dans la région orientale du Donbass. Or, c'est au nom de la défense des républiques autoproclamées de Donetsk et de Lougansk, officiellement reconnues par la Russie le 22 février 2022, que Vladimir Poutine, son président, qui entend pour cela « démilitariser » et « dénazifier » l'Ukraine, a justifié l'attaque de ce pays, accusant même Kiev de « génocide » à l'encontre des populations de ces régions séparatistes.

Face à ce crime d'agression tel que défini à l'article 8 *bis* du statut de Rome de la Cour pénale internationale, l'Union européenne notamment a très rapidement mis en œuvre des sanctions individuelles (restriction des facilités de visas pour les dignitaires russes...), mais aussi à portée plus générale (embargo sur 90 % du pétrole russe, interdiction des transactions avec la banque centrale russe...). En parallèle, les autorités européennes ont mis en place une aide humanitaire et l'accueil des nombreux réfugiés ukrainiens fuyant la guerre, en leur octroyant une protection temporaire d'un an, renouvelable, qui comprend notamment un droit de séjour et un accès au logement et au marché du travail sur l'ensemble du territoire de l'UE. Enfin, lors du Conseil européen des 23 et 24 juin 2022, il a été décidé d'octroyer à l'Ukraine (et à la Moldavie voisine) le statut de candidat à l'Union européenne. Le président Macron a, en outre, noué un dialogue avec son homologue russe afin d'obtenir la tenue de négociations entre les deux belligérants en vue d'une sortie du conflit, une ligne qu'il a réaffirmée lors de la conférence des ambassadeurs du 1er septembre 2022.

Au-delà de ces principaux thèmes qui sont au cœur de l'actualité de cette année 2022, pour toutes les autres questions traitées dans le présent ouvrage – immigration, enseignement, dépendance, délinquance... –, le lecteur découvrira une présentation étayée des grandes problématiques sociales, économiques et institutionnelles françaises afin de comprendre ce qui se jouera en 2023.

Le découpage régional de la France

Départements et régions d'outre-mer (DROM)

Guadeloupe | Martinique | Guyane | Mayotte | La Réunion

Collectivités d'outre-mer (COM)

Saint-Pierre-et-Miquelon | Saint-Barthélemy | Polynésie française | Wallis-et-Futuna | Saint-Martin | Nouvelle-Calédonie

Collectivités territoriales (au 1er janvier 2022)

18	**113**	**35 955**
régions	départements	communes

Source : vie-publique.fr

DÉMOGRAPHIE

67,8 millions d'habitants
(au 1er janvier 2022, dont 2,2 millions dans les 5 départements d'outre-mer)

+81 000
habitants (solde naturel)

738 000
naissances

657 000
décès

(estimations à fin novembre 2021)

85,4 ans **79,3 ans**
Espérance de vie à la naissance
(données provisoires à fin 2021)

1,83
nombre moyen d'**enfants par femme**
(Insee, 2021)

30,9 ans
Âge des femmes à la naissance de leur premier enfant

ÉCONOMIE

Taux de croissance du PIB
par trimestre (Insee, 2022)

T1	T2	T3	T4	
-0,2	+0,5	+0,2	0	(en %)

+6,2% de hausse des **prix à la consommation** sur un an (Insee, octobre 2022)

SOCIÉTÉ

12 257 000
écoliers, collégiens et lycéens (août 2021)

2,97
millions d'**étudiants** inscrits dans l'enseignement supérieur (septembre 2021)

2,3
millions de personnes au **chômage**

7,4 %
de la population active (Insee, 2e trimestre 2022)

16,9
millions de **retraités**

BUDGET DE L'ÉTAT

480,3
milliards d'euros de **dépenses** (projet pour 2023)

345,1
milliards d'euros de **recettes** nettes (projet pour 2023)

- 135,2
milliards d'euros de **solde général**

5,6
millions de personnes travaillent dans la **fonction publique**

SÉCURITÉ SOCIALE

- 6,8
milliards d'euros : **déficit** prévu en 2023 (contre 17,8 milliards d'euros en 2022)

France 2023

Questions-réponses

1 | Une récession à l'horizon ?

Avant la pandémie, une croissance en décélération

La croissance en volume du PIB de la France a décéléré en 2019 (+ 1,8 %), après + 1,9 % en 2018 et + 2,3 % en 2017 (Insee). Si les prévisions de l'Insee pour 2020 étaient relativement optimistes, la crise sanitaire a été lourde de conséquences, avec une chute du PIB de – 7,9 %.

Une sortie de crise déjà perturbée

La pandémie a provoqué la récession économique (*cf.* définition ci-contre) la plus grave jamais observée en temps de paix, mais son impact sur l'économie a été moins durable qu'attendu. En effet, la Banque mondiale a établi une croissance du PIB à 7 % en 2021, alors que le niveau d'emploi avait déjà dépassé celui d'avant-crise. Toutefois, 2022 a été marquée par de multiples chocs exogènes (sanitaire, géopolitique, climatique). De la guerre en Ukraine aux multiples évènements climatiques extrêmes, les tensions sur les marchés ont été exacerbées, menant à une hausse des prix à la consommation historique (6,1 % sur un an en juillet 2022) et à un ralentissement de la croissance.

En Europe, le tableau s'assombrit ?

La Banque centrale européenne (BCE) a évalué, en septembre 2022, la croissance de la zone euro à – 6,5 % en 2020 et à + 5,1 % en 2021, l'économie retrouvant son niveau d'avant-crise début 2022. Les projections macro-économiques pour l'année 2022 prévoient une croissance dans la zone euro estimée à + 3,1 % et, pour l'année 2023, à + 0,9 % (BCE, 8 septembre). La dépendance aux hydrocarbures russes et les tensions sur les chaînes d'approvisionnement sont les raisons majeures du ralentissement économique européen, faisant même planer le risque d'une récession.

Projection de croissance en France, au Royaume-Uni, en Allemagne et aux États-Unis en 2021, 2022 et 2023 (en %)

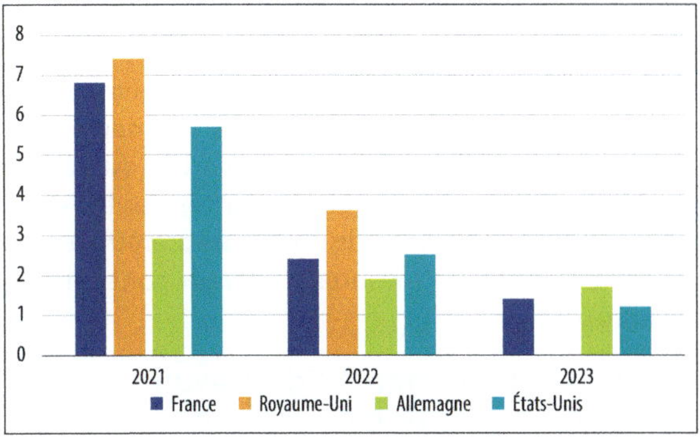

Source : OCDE, juin 2022.

Qu'est-ce qu'une récession ?

Dans le langage des économistes, la récession désigne un recul de l'activité économique. Une économie est considérée en récession lorsque le PIB diminue durant deux trimestres consécutifs. En France, les dernières récessions ont eu lieu en 1974, en 1993, en 2008-2009 et en 2020.

Le saviez-vous ?

Depuis 1950, en France, le PIB, qui mesure la production annuelle sur le territoire, a été multiplié par presque 7. Il s'agit du PIB en volume : l'augmentation des prix est neutralisée. C'est dans les années 1960, au cœur des Trente Glorieuses, que la croissance a été la plus forte : le PIB a doublé entre 1960 et 1973. Il faut ensuite attendre 2004 pour qu'il soit multiplié à nouveau par 2. Si l'on trace sa courbe sur la période 1950-2019, la récession de 2008-2009 est à peine perceptible.

2 Politiques de l'emploi : quelles évolutions ?

Politiques actives, politiques passives

Ce sont les deux catégories de politique de l'emploi. Les mesures « actives » visent à augmenter le niveau d'emploi et à favoriser le retour à l'emploi des chômeurs (emplois aidés, formation, flexibilisation du marché du travail). Les mesures « passives » cherchent à atténuer les effets du chômage (indemnisation, dispositifs de préretraite). Depuis les années 1990, les mesures « actives » sont privilégiées en Europe.

Paradoxe sur le marché du travail : chômage et pénurie de main-d'œuvre

En 2020 et 2021, face à la crise sanitaire, le gouvernement français a instauré l'activité partielle de longue durée (APLD) afin d'aider les entreprises à préserver les emplois. Au deuxième trimestre 2022, le taux de chômage au sens du Bureau international du travail (BIT) s'inscrit à 7,4 %, inférieur de 0,8 point au niveau d'avant-crise sanitaire fin 2019. Ce chiffre global ne montre toutefois pas les écarts entre les tranches d'âge. Même s'il s'est réduit en 2021, le taux de chômage des jeunes reste très élevé : 15,3 % des 15-24 ans en juin 2022 (Insee), un des plus élevés en Europe. Paradoxalement, on constate des pénuries de main-d'œuvre dans certains secteurs d'activité. En septembre 2022, 355 400 postes sont à pourvoir, en hausse de 75 % par rapport au 4e trimestre 2019. Les secteurs en manque de main-d'œuvre sont la santé, la grande distribution, les services à la personne ou encore le tourisme et le BTP. La moitié des entreprises interrogées par la Confédération des petites et moyennes entreprises (CPME) déclare vouloir embaucher et 94 % ont des difficultés à recruter.

Le marché du travail en 2021
(évolution par rapport à 2019)

67,2 % Taux d'emploi des 15 - 64 ans (+0,8 points)	**73,7 %** Part des CDI et fonctionnaires dans l'emploi total (+0,9 points)	**21,6 %** Part des cadres dans l'emploi total (+2,3 points)

Source : Insee, décembre 2021.

Les diplômes du supérieur, un facteur clé d'insertion sur le marché du travail

Selon France Stratégie (février 2020), « la disponibilité d'une main-d'œuvre qualifiée est l'un des déterminants à long terme de la croissance ». De fait, quel que soit l'âge considéré, les titulaires d'un diplôme supérieur au bac ont un taux d'activité systématiquement plus élevé que les autres. En 2021, selon l'Insee, le taux de chômage varie de 5,3 % pour les personnes titulaires d'un diplôme supérieur à bac + 2 à 14,4 % pour les diplômés du seul brevet des collèges.

Chômage des jeunes et action de l'État

Alors que le taux de chômage des jeunes est particulièrement élevé, une plateforme « 1 jeune, 1 solution » a été mise en place par le gouvernement à l'été 2020 pour favoriser leur insertion sur le marché du travail. Les difficultés des entreprises à recruter ont comme conséquence de gripper la chaîne de production. L'État a mis en place un « plan d'investissement dans les compétences » annoncé en septembre 2021. 1,4 milliard d'euros ont été déployés pour former davantage les demandeurs d'emploi et les salariés. En effet les mutations technologiques actuelles se traduisent par un besoin de main-d'œuvre qualifiée. Le plan « France 2030 » d'octobre 2021 prévoit un investissement de 2,5 milliards d'euros dans l'objectif d'accélérer des formations dans des secteurs de pointe.

3 | Le télétravail, facteur de productivité ?

Ce que dit le Code du travail

Le télétravail désigne « toute forme d'organisation du travail dans laquelle un travail qui aurait également pu être exécuté dans les locaux de l'employeur est effectué par un salarié hors de ces locaux de façon volontaire en utilisant les technologies de l'information et de la communication » (article L.1222-9).

Un déploiement accéléré par la pandémie

Le télétravail était relativement peu répandu en France avant la crise sanitaire de 2020-2021 : en 2017, seuls 3 % des salariés y avaient recours au moins un jour par semaine. Ces salariés étaient majoritairement (61 %) des cadres, et travaillaient plus souvent dans le secteur de l'informatique et de la télécommunication. Le télétravail s'est fortement développé depuis le premier confinement de mars à mai 2020. 15 % des jours travaillés en 2021 l'ont été en télétravail, ce qui concerne 22 % des salariés (INSEE Focus n° 263, mars 2022). Si la productivité des entreprises qui y ont recours pourrait croître à long terme de 5 à 30 % (Sénat, rapport sur le télétravail, octobre 2021), son impact sera hétérogène et demeure incertain (France stratégie, *Rapport du Conseil national de productivité*, mai 2022).

Des effets globalement positifs

L'OCDE souligne que, s'il est bien anticipé, le télétravail présente de multiples bénéfices : amélioration du bien-être des employés, réduction des inégalités de genre et des inégalités territoriales, baisse du niveau de pollution. Il permet également de diminuer les coûts des locaux de l'entreprise et des transports, et une plus grande efficacité du travail.

Télétravail et crise sanitaire en 2021

22 % des salariés
dont 44 % sur toute la semaine

55 % des cadres

22 % des professions intermédiaires

17 % des employés

Concerne davantage les grandes entreprises, et les salariés les plus âgés

Source : Insee, mars 2022.

Des risques à encadrer

Le télétravail n'est pas exempt de risques s'il est mal encadré : les télétravailleurs déclarent en effet travailler plus longtemps, et plus fréquemment en horaires désynchronisés (Dares, 2021). Il peut également conduire à brouiller les frontières entre vie professionnelle et vie privée ; l'éloignement des collègues peut enfin distendre les liens sociaux et professionnels. Les femmes, notamment, bénéficient de moins bonnes conditions de télétravail que les hommes : elles seraient moins nombreuses à disposer d'un espace dédié et ont 1,5 fois plus de risques d'être dérangées pendant leur activité professionnelle.

Enfin, des risques pour la santé existent, liés à la sédentarité et à l'inadaptation du matériel de télétravail ou du bureau à domicile (troubles musculo-squelettiques, fatigue visuelle, etc.) (INRS, 2021).

Le saviez-vous ?

En 2021, selon l'OCDE, le nombre d'heures travaillées par actif occupé était en France de 1 490 heures. C'est moins que la moyenne de l'OCDE (1 716) et que certaines économies avancées (entre 1 500 et 1 800 heures pour les États-Unis, l'Espagne et l'Italie), plus qu'en Allemagne (1 349) ou qu'aux Pays-Bas (1 416) et comparable au Royaume-Uni (1 497).

4 Chômage : le retour à la normale ?

Avant la pandémie, une baisse du chômage significative

En 2019, le taux de chômage au sens du Bureau international du travail (BIT) a diminué, pour atteindre 8,4 % de la population active en France (hors Mayotte), soit – 0,6 point sur un an (Insee, 2020). Selon Pôle emploi, le nombre de demandeurs d'emploi sans aucune activité (catégorie A) en France (hors Mayotte) s'établissait à 3 598 840 en décembre 2019, soit une baisse de 3,9 % sur un an.

La crise sanitaire : un impact limité dans le temps ?

Les conséquences de la pandémie et du confinement se sont fait sentir sur le marché du travail. D'après l'Insee, le taux de chômage français a connu un pic à la sortie du confinement, à 9,1 % au 3e trimestre 2020 (France hors Mayotte), soit 0,7 point de plus sur un an. La reprise de l'économie est toutefois déjà visible : l'emploi atteignait déjà son niveau d'avant-crise et le taux de chômage était de 7,4 % (France hors Mayotte) au 2e trimestre 2022.

Un risque d'une remontée du chômage ?

Les chiffres actuels du chômage tant en France que dans la plupart des pays européens marquent un recul sensible. Toutefois, cette tendance pourrait s'inverser en raison d'un fort ralentissement de la croissance voire d'une récession à l'horizon 2023 dû à une poussée inflationniste impliquant une contraction des politiques monétaires. Un ralentissement économique se traduit par des destructions d'emplois dans de nombreux secteurs d'activité.

Taux de chômage dans plusieurs pays de l'OCDE de 2006 à 2020

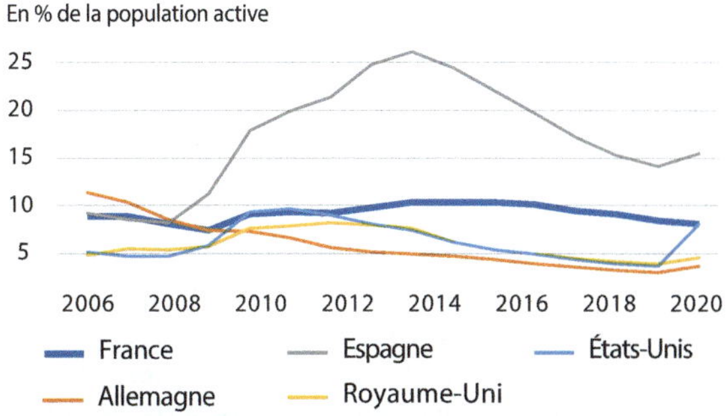

Source : OCDE, juin 2021.

D'importants écarts au sein de l'UE

Si le taux de chômage dans les pays de l'UE a nettement diminué depuis le milieu des années 2010 (6,6 % en juin 2022 et 6,3 % en 2019 avant la pandémie, contre 11 % en mai 2013, Eurostat), la situation est cependant disparate, avec, aux extrêmes, 2,4 % en République tchèque et 12,6 % en Espagne en juin 2022. En Allemagne, le taux de chômage est particulièrement favorable : depuis 2006, il décroît régulièrement et est tombé à 2,8 % en juin 2022 (Eurostat). Ceci s'explique entre autres facteurs par la plus grande vitalité de l'apprentissage, par un système de requalification des demandeurs d'emploi efficace ainsi que par le recours au temps partiel plus fréquent.

Le chômage des jeunes et des seniors : comparaisons internationales

Le taux de chômage des jeunes (15-24 ans) est élevé dans l'UE à 27, avec 15,9 % en moyenne en octobre 2021 (Eurostat). Ce taux varie de 6,5 % en Allemagne à 33,2 % en Grèce et à 30,3 % en Espagne. La France a un taux de 18,6 %. Quant aux seniors, selon l'OCDE, en France, au 3e trimestre 2021, et malgré une progression récente, le taux d'emploi des 55-64 ans est seulement de 56 %, contre 72,3 % en Allemagne, 62,4 % aux États-Unis et 76,82 % en Suède.

5 Des finances publiques en péril ?

Un déficit public qui peine à retrouver son niveau d'avant-Covid

En 2021, le déficit public se chiffre à 6,4 % du PIB (estimation fin mars 2022), après avoir atteint 8,9 % du PIB en 2020. En comparaison, le niveau était de 3,1 % en 2019, un niveau qui ne sera probablement pas retrouvé en 2022 puisque les prévisions tablent sur un déficit d'environ 5,5 % (OFCE). En revanche, la croissance ayant fortement rebondi en 2021 à + 6,8 % (Cour des comptes, juillet 2022), on observe une réduction relative de la dette publique à 112,9 % du PIB pour atteindre 2 821,9 milliards d'euros fin 2021 (INSEE, sept. 2022), contre 114,6 % du PIB en 2020 et 97,4 % en 2019.

Une dégradation amorcée avant la crise

En 2019, la situation des finances publiques s'était déjà détériorée. Le déficit public (*cf.* définition ci-contre) s'établissait, selon l'Insee, à 3,1 % du PIB et mettait un terme à une décennie de recul quasi continu. Parallèlement, la dette publique brute se stabilisait à 98,1 % du PIB, soit 2 380,1 milliards d'euros fin 2019.

Une moindre croissance des dépenses

La France n'a pas connu de budget en excédent depuis 1974. Le poids de la dette publique a plus que quadruplé depuis 1980, malgré la hausse du taux des prélèvements obligatoires (impôts et cotisations sociales par rapport au PIB). Ce dernier reste quasiment stable à 44,3 % en 2021, contre 44,4 % en 2020, à comparer avec le niveau de 43,8 % en 2019. Les dépenses publiques connaissent une baisse modérée à 59 % en 2021, après avoir connu une forte hausse à 61,4 % du PIB en 2020 (55,4 % en 2019).

Déficit, dette : de quoi parle-t-on ?

Le déficit public décrit une situation où les dépenses des administrations publiques (État, administrations de sécurité sociale, collectivités territoriales) sont supérieures à leurs recettes. Le déficit est un flux, c'est-à-dire une grandeur économique mesurée au cours d'une période donnée, par exemple une année. L'État se tourne alors vers les marchés financiers pour qu'ils lui prêtent de l'argent. L'État émet des titres de créances publiques.

La dette publique est un stock, mesuré à un moment donné. Elle est essentiellement constituée de la somme des déficits publics accumulés. Il s'agit d'une dette brute : les actifs financiers des administrations publiques ne sont pas retranchés des éléments de passifs.

Le déficit et la dette en chiffres (2015-2021)

	2015	2016	2017	2018	2019	2020	2021
Déficit Md€	– 80	– 81	– 67	– 54	– 75	– 205,5	– 160,7
Déficit % PIB	– 3,63	– 3,64	– 2,96	– 2,29	– 3,1	– 8,9	– 6,4
Dette publique Md€	2 101	2 188	2 259	2 315	2 380	2 648,1	2 813,1
Dette publique % PIB	95,6	98	98,3	98,1	98,1	114,6	112,5
Croissance du PIB en %	1,1	1,1	2,3	1,8	1,5	– 7,9	6,7

Source : Cour des comptes, *La situation et les perspectives des finances publiques*, juin 2022.

Le saviez-vous ?

L'État français a eu recours en 1789, en 1831 et en 1848 à des emprunts dits « patriotiques » afin de trouver de nouvelles ressources financières, avec un succès limité. En revanche, l'émission de bons de la Défense nationale, à partir de 1915, a séduit de nombreux épargnants car ce produit était très attractif.

6 | Faut-il réduire la dette ?

Éloigner le risque de défaut souverain

Une dette non maîtrisée par un État peut conduire à un défaut de paiement. La simple perspective d'un tel défaut peut susciter la méfiance des marchés et renchérir le financement de la dette. Néanmoins, il n'existe pas de limite objective à partir de laquelle la situation devient dangereuse. Tandis que la Grèce a dû faire face à un défaut partiel en 2012, le pays le plus endetté au monde, le Japon (dette publique de 259 % du PIB en 2020 selon la Direction générale du Trésor), ne suscite pas d'inquiétudes.

Plus de 42 000 euros par habitant en France

En France, la dette publique représentait début 2022 approximativement 42 790 euros par habitant, soit 114,5 % du PIB selon l'INSEE. Au sein de l'Union européenne, les variations sont extrêmement fortes : les États les moins endettés sont l'Estonie (18,1 % du PIB en 2021), la Bulgarie (25,1 %) et le Luxembourg (24,4 %) ; à l'autre extrémité, on trouve le Portugal (127,4 %), l'Italie (150,8 %) et la Grèce (193,3 %) (données Eurostat, 2022).

L'inflation : une opportunité pour réduire la dette

L'impact de l'inflation sur le niveau de la dette peut être considéré comme positif ; l'augmentation de l'inflation entraînant une augmentation des recettes fiscales de l'État. Toutefois, face à une inflation en hausse, les ménages ont tendance à réduire leur consommation, ce qui constitue un manque à gagner dans les recettes de l'État. Il est difficile de considérer l'inflation comme une opportunité pour les finances publiques ; en effet l'État doit mettre en place des mesures visant à protéger les ménages et les entreprises contre les effets de l'inflation sur la croissance.

Un État peut-il faire faillite ?

Une entreprise, si elle est surendettée, fait faillite, liquide ses derniers biens et disparaît du registre du commerce. Le cas d'un État est différent : il ne peut pas faire faillite car il ne peut pas disparaître. En revanche, il peut se trouver en cessation de paiement quand il ne peut plus payer ses fonctionnaires ou rembourser sa dette arrivée à échéance ; il fait alors défaut.

Le « bon » et le « mauvais » déficit

Un déficit n'est pas mauvais s'il finance des investissements productifs (infrastructures, recherche, éducation…) qui créent des richesses futures. C'est le cas des programmes d'investissement d'avenir (PIA), dont le premier a été lancé par la France en 2010 (« grand emprunt »), puis poursuivi en 2014 (PIA 2), en 2017 (PIA 3) et en 2021 (PIA 4). En revanche, si le déficit finance des dépenses courantes (prestations sociales ou dépenses de fonctionnement des administrations), les générations futures devront assurer les remboursements sans véritablement profiter d'un retour sur investissement.

Qui a fait défaut ?

La crise de 2008 a fait ressurgir le risque de défaut de paiement d'un pays industrialisé. La Grèce a ainsi organisé un défaut partiel en décembre 2012. La France a fait défaut en 1797 et en 1812 : effet du non-remboursement des assignats (monnaie fiduciaire mise en circulation sous la Révolution) émis par le Trésor en 1789 pour l'un, conséquence des campagnes napoléoniennes pour l'autre. L'Allemagne a fait défaut en 1932 et 1939. Seuls deux pays européens n'ont jamais fait défaut depuis 1800 : le Danemark et le Royaume-Uni.

7 | Recouvrer la maîtrise des finances publiques ?

Un programme de stabilité 2019-2022 désormais caduc

Avant l'apparition de la pandémie, la France s'était engagée dans une stratégie de redressement des comptes publics. Celle-ci est passée, dans un premier temps, par une augmentation des recettes publiques (hausse des impôts). Tout en maîtrisant, voire en réduisant, les dépenses publiques et en stimulant la croissance, la France espérait ainsi atteindre l'équilibre structurel (hors effet de la conjoncture) et baisser le niveau de la dette de 2 points de PIB d'ici à 2022. La Covid-19 puis la guerre en Ukraine et la flambée des prix ont remis ce programme en question.

Une hausse des dépenses publiques

La hausse des dépenses engagées pour faire face aux effets économiques du coronavirus a atteint 83 milliards d'euros en 2020, soit une hausse de 5,1 %, puis de 4,0 % en 2021 (Insee). En 2022, la loi de finances a été revue à la hausse, avec notamment 41 milliards d'euros supplémentaires pour faire face à l'inflation. Le budget 2023 prévoit 16 milliards d'euros pour le bouclier tarifaire énergétique.

Vers une évolution des règles budgétaires européennes ?

En 2020, les ministres des Finances de l'UE ont approuvé la décision inédite de déclencher la clause dite « dérogatoire générale » permettant notamment aux États membres de s'affranchir du respect du plafond des 3 % de déficit public. En mai 2022, la Commission européenne a annoncé reporter d'une année de plus la mise en œuvre des règles budgétaires à la suite des conséquences économiques de la guerre en Ukraine.

Qui sont les acteurs des finances publiques ?

Les acteurs des finances publiques sont les organismes publics et privés financés principalement par des prélèvements obligatoires sur les ressources des Français (revenus, patrimoine, etc.) ou leur consommation et intervenant dans un but d'intérêt général. Il s'agit de l'État, des collectivités territoriales et de leurs groupements, des organismes de protection sociale (Sécurité sociale, Unedic…), d'organismes divers d'administration centrale et sociale (établissements publics nationaux, fonds de solidarité) et de l'Union européenne. Certains acteurs jouent un rôle déterminant comme le Parlement, le ministère chargé des Finances et la Cour des comptes.

Pour aller plus loin
sur Vie-publique.fr :

Consolider les finances publiques, une stratégie gagnante ?

Dans l'histoire récente, plusieurs pays ont réussi à renverser la spirale de la dette et ont retrouvé le chemin de la croissance. Le succès du Canada ou des pays nordiques a été fondé sur trois volets : l'audit exhaustif des dépenses publiques, la réforme des procédures et des institutions budgétaires (par exemple l'instauration d'une règle constitutionnelle qui freine le recours au déficit) et la réduction du secteur public (notamment *via* la diminution du nombre de fonctionnaires). Parmi les principaux facteurs de réussite figurent aussi l'adhésion des citoyens et le caractère équitable des mesures mises en œuvre.

Le saviez-vous ?

La « règle d'or », en finances publiques, veut qu'un investissement par recours à l'emprunt ne se justifie que si les bénéfices escomptés se matérialisent dans le futur, sans que l'amortissement des investissements passés soit supporté par les contribuables actuels. La France ne s'est approchée du respect de cette règle qu'au début des années 2000 (Cour des comptes, *La situation et les perspectives des finances publiques*, juin 2020).

8 Le système fiscal français : un dispositif juste ?

Une pression fiscale parmi les plus élevées du monde

Avec un ratio prélèvements obligatoires/PIB de 47,5 % en 2020 (estimation Eurostat), la France se situe au deuxième rang des pays européens en termes de pression fiscale derrière le Danemark (48 %), et devant la Belgique (46,2 %) et la Suède (43,1 %). L'Allemagne (41,5 %), l'Espagne (37,5 %) et l'Irlande (20,8 %) affichent des taux plus faibles. La moyenne de l'Union européenne des 27 se situe en 2020 à 41,3 %.

Des services publics et une protection sociale plus étendus qu'ailleurs

Cela ne signifie pas pour autant que l'on paie trop d'impôts en France. En contrepartie, la protection sociale et les services publics sont parmi les plus développés du monde. Aux États-Unis, les ménages paient peu d'impôts mais épargnent davantage pour financer les études supérieures de leurs enfants, leur retraite et leur santé.

Une redistribution complexe mais efficace des revenus

Si le système fiscal français se caractérise par une relative complexité, il est aussi particulièrement redistributif, et permet une réduction des inégalités supérieure à celle observée en Europe (France Stratégie). L'Insee, en ajoutant aux effets des prélèvements obligatoires et des prestations sociales les bénéfices apportés par l'accès aux services publics, estime que la redistribution est encore plus forte. Ainsi, en 2018, les différences de niveaux de vie entre les 10 % les plus aisés et les 10 % les plus modestes passent d'un rapport de 1 à 13 à un rapport de 1 à 3 (étude Insee, mai 2021).

Évolution du poids des prélèvements obligatoires depuis 2000

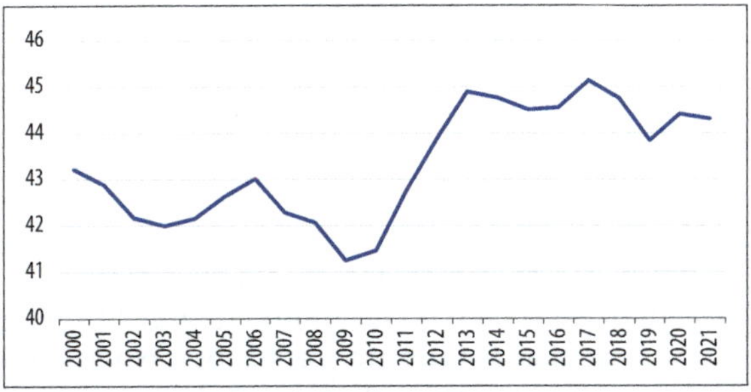

Note : hors cotisations sociales imputées et crédit d'impôts.
Lecture : en 2021, le taux de prélèvements obligatoires s'établit à 44,3 %.
Source : Insee, comptes nationaux – base 2014.

Prélèvement à la source de l'impôt sur le revenu : quel gain pour l'État ?

Entré en vigueur le 1er janvier 2019, ce nouveau dispositif aurait entraîné un gain de 2 milliards d'euros pour les finances publiques en 2020, « découlant notamment de l'imposition de revenus de l'année en cours et non plus de l'année passée », notamment du fait d'un meilleur taux de recouvrement (Cour des comptes, *Le budget de l'État en 2019*, avril 2020).

Le saviez-vous ?

La part de l'héritage dans le patrimoine total des français est passée de 35 % au début des années 1970 à 60 % en 2021 (Conseil d'analyse économique). Cela relance le débat sur la redistribution et la taxation successorales pour diminuer les inégalités patrimoniales fondées sur la naissance.

9 Quelles inflexions dans la politique fiscale depuis 2010 ?

De la hausse des impôts en 2010-2013 à la baisse pour les ménages modestes

La dégradation des finances publiques après la crise de 2008 a contraint le gouvernement de l'époque à revenir sur plusieurs dispositifs d'allègement fiscal et à augmenter certains prélèvements. La majorité élue en 2012 a accentué cette orientation dans un premier temps (nouveau barème de l'impôt sur le revenu, alignement de l'imposition des revenus du capital sur celle des revenus d'activité) avant de réduire ou d'annuler, entre 2014 et 2016, l'impôt sur le revenu pour les foyers à revenus modestes et moyens.

De nouvelles réformes mises en œuvre depuis 2017

La fiscalité des revenus du capital a été unifiée (mise en place du prélèvement forfaitaire unique), l'impôt sur la fortune a été remplacé par un impôt sur la fortune immobilière à l'assiette plus restreinte, la taxe d'habitation est en cours de suppression. À la suite du grand débat national du printemps 2019, d'autres aménagements de la fiscalité ont été entrepris (*cf.* ci-après).

La fiscalité des entreprises est allégée

La réduction du taux de l'impôt sur les sociétés est effective depuis le 1er janvier 2020, pour aboutir depuis début 2022 à un taux de 25 %. Une baisse des impôts dits « de production » a été mise en œuvre en 2021. Le crédit d'impôt pour la rénovation énergétique est instauré pour les TPE/PME. Les principaux impôts locaux sont réduits afin de renforcer la compétitivité des entreprises.

Les principales mesures fiscales depuis 2017

- suppression progressive de la taxe d'habitation d'ici à 2023 ;
- suppression de l'impôt de solidarité sur la fortune (ISF) et création de l'impôt sur la fortune immobilière (IFI) au 1er janvier 2018 ;
- mise en place d'un prélèvement forfaitaire unique (PFU) sur les revenus mobiliers et les plus-values mobilières au 1er janvier 2018 ;
- indexation du barème de l'impôt sur le revenu (IR) sur l'inflation au 1er janvier 2019 ;
- mise en œuvre du prélèvement à la source au 1er janvier 2019 ;
- transformation du crédit d'impôt pour la compétitivité et l'emploi (CICE) en baisse des cotisations sociales au 1er janvier 2019 ;
- abaissement du taux de la première tranche du barème de l'IR de 14 % à 11 % au 1er janvier 2020 ;
- transformation du crédit d'impôt pour la transition énergétique (CITE) en une prime (« MaPrimeRenov ») ;
- baisse du taux de l'impôt sur les sociétés lancée en 2020 pour aboutir en 2022 à un taux de 25 % au lieu de 33,3 % ;
- baisse des impôts de production à hauteur de 10 milliards d'euros à compter de l'exercice 2021 ;
- La loi du 16 août 2022 de finances rectificative pour 2022 ouvre 44 milliards d'euros de crédits visant notamment à financer des mesures en faveur de la défense du pouvoir d'achat, remise sur le carburant, bouclier tarifaire sur l'énergie…

Taxer les « superprofits » ?

La notion de superprofits désigne une hausse exceptionnelle des profits en raison de facteurs conjoncturels indépendants de l'action des entreprises. La guerre en Ukraine ayant entraîné une envolée des prix de l'énergie, certaines entreprises énergétiques, comme Total en France, ont ainsi réalisé en 2022 des bénéfices exceptionnels. Les pays européens prennent tour à tour des mesures pour mettre à contribution ces superprofits afin de diminuer la facture énergétique des ménages. Les mécanismes diffèrent selon les pays. Hormis le secteur de l'énergie, ces mesures s'étendent aux secteurs des transports, du fret maritime, du numérique ou du secteur pharmaceutique.

10 | La France, une puissance économique mondiale ?

La France, une puissance attractive

En 2019, 16 800 entreprises sont sous contrôle étranger (107 pays présents en France), soit moins de 1 % des entreprises, mais employaient 2,2 millions de personnes. Les firmes étrangères contribuaient à hauteur de 17 % de la valeur ajoutée de l'ensemble des secteurs, employaient 13 % des effectifs (Insee, décembre 2021).
La réussite mondiale des grandes entreprises françaises est spectaculaire. En 2022, 25 figurent au classement des 500 plus grandes entreprises mondiales (selon le chiffre d'affaires), pour 28 allemandes et 145 chinoises. Elles contrôlaient également, en 2019, 48 200 filiales (6,8 millions de salariés) hors du territoire national (Fortune Global 500, 2020 et Insee, 2021).

Une économie de taille

La population française représente moins de 1 % de la population mondiale. Sa superficie ne dépasse pas non plus les 1 % des territoires mondiaux. Pourtant, le FMI, l'ONU et la Banque mondiale classent la France comme la septième puissance mondiale en termes de PIB nominal en 2022. Le PIB par habitant demeure très élevé (36 660 euros en 2021). La France a accueilli le 14e stock d'investissements directs étrangers (IDE) entrants en 2021 (OCDE).

Un soutien politique fort

Le renforcement de l'attractivité de la France est une priorité du gouvernement, diverses mesures y œuvrent. Citons la baisse progressive du taux de l'impôt sur les sociétés, passé de 33 % à 25 % en 2022, ou la transformation du crédit d'impôt compétitivité emploi (CICE) en allègement de cotisations sociales. La limitation de l'impôt sur la fortune immobilière en 2018 et l'instauration du prélèvement unique sur les revenus du capital (revenus des dividendes compris) vont également dans le sens d'une plus grande attractivité française pour le capital. Le 5e sommet Choose France annonce en 2022 6,7 milliards d'euros investis dans des projets dynamisant la French Tech.

L'État a mobilisé fin juillet 2020 470 milliards d'euros pour accompagner les entreprises installées en France pendant la crise du Covid-19, au travers de prêts garantis par l'État (PGE), du recours au fonds de solidarité, de la prise en charge du chômage partiel… Le plan « France relance » de 2020 consacre pour sa part 35 milliards d'euros à l'amélioration de la compétitivité de l'économie d'ici à 2030 et vise à soutenir l'investissement dans les secteurs stratégiques.

Les premières firmes multinationales françaises en mai 2022

	Capitalisation boursière
LVMH (n° 21 mondial)	347 milliards de dollars
L'Oréal (n° 54 mondial)	196 milliards de dollars
Hermès (n° 82 mondial)	139 milliards de dollars
Sanofi (n° 83 mondial)	137 milliards de dollars

Source : Forbes, *The World's Biggest Public Companies*, mai 2022.

11 | La France est-elle compétitive ?

La France, 28e au classement mondial

D'après le rapport 2022 de l'International Institute for Management Development (IMD), la France est classée 28e pays le plus compétitif. Les trois premiers sont le Danemark, la Suisse et Singapour. Les experts suisses pointent de mauvaises performances en termes de fiscalité, de dépenses publiques et de coût de la vie.

Un regain de compétitivité au sein de la zone euro

La compétitivité-coût de la France (définition ci-contre) s'est améliorée entre 2017 et 2019, rattrapant celle de son voisin allemand, avant de perdre 0,9 point de parts de marché mondial entre 2019 et 2021. L'allègement du coût du travail a soutenu cette hausse depuis 2014. Le plan France Relance vise à la maintenir. La compétitivité-prix de la France s'améliore *via* la dépréciation du taux de change nominal de l'euro (– 2,9 % en juin 2022 par rapport à décembre 2021) et d'autre part parce que l'inflation des prix à la production est moindre en France (Eurostat).

Après la pandémie, les effets de la guerre

L'ensemble de la zone euro a observé une dégradation du déficit commercial au premier semestre 2022, portée par les factures énergétiques. Le regain des exportations en valeur en 2021 place la France à la 9e place des exportateurs de biens mondiaux (World Trade Organisation), derrière les États-Unis (1er), la Chine (2e) et l'Allemagne (3e). C'est aussi le 9e importateur. Si les secteurs textile, agroalimentaire et chimique ont bien rebondi en sortie de crise du Covid-19 (Douanes), les exportations des secteurs automobile et aéronautique sont freinées par la guerre en Ukraine.

Coût de l'heure de travail (industrie, construction et services marchands), de 2016 à 2021, en euros

	2016	2020	2021
France	34,6	37,5	38,8
Allemagne	32,8	36,6	38,5
Espagne	21,2	22,8	22,7
Italie	27,6	29,8	29,1
Pays-Bas	34,5	36,8	37,8
Zone euro	29,4	32,3	33,1

Source : Eurostat.

Compétitivité-coût, compétitivité-prix, compétitivité hors-prix

La compétitivité-coût mesure l'évolution du coût du travail (salaires, cotisations sociales patronales…), corrigée de celle de la productivité. La compétitivité-prix, elle, mesure l'évolution des prix à l'exportation. Elle est influencée par le taux de change : ainsi, une dépréciation (baisse) de la monnaie nationale entraîne une amélioration de la compétitivité-prix. La compétitivité hors-prix, quant à elle, repose sur des facteurs plus structurels comme la capacité d'innovation, la qualité, le design des produits, etc.

Spécialisation sectorielle, investissements et relocalisations

Entre 2006 et 2016, la spécialisation sectorielle de l'économie française a beaucoup évolué : les secteurs à haute valeur ajoutée (aéronautique, pharmacie, finance, services aux entreprises…) se sont développés et leur solde excédentaire se renforce encore en 2022 (entre 5 et 10 milliards d'euros, Douanes 2022), contrairement à ceux de l'industrie de moyenne technologie (automobile, machines et équipements…). À travers les crises mondiales, la France a maintenu son attractivité. Plus de la moitié des dirigeants d'entreprise ont annoncé envisager de relocaliser des activités en France à l'avenir – dont 18 % au cours des prochains mois. Cela se comprend d'autant plus que le pays occupe en 2022 le 1er rang européen en nombre de projets d'investissements étrangers (Baromètre EY 2022).

12 | Comment expliquer la perte de compétitivité ?

Un solde du commerce extérieur dégradé

En juillet 2022, la dynamique du solde du commerce extérieur français est toujours dégradée. Si l'excédent en services s'élève à 30 milliards d'euros, le déficit en exportations de biens atteint 71 milliards d'euros. Cela dépassera à la fin de l'année, en cumulé, le record déficitaire de 75 milliards en 2011 (Insee). En 2019, une amélioration était perceptible, grâce au niveau élevé des livraisons aéronautiques et à l'allègement de la facture énergétique. En 2020, la crise sanitaire a inversé cette tendance positive et en 2022 le renchérissement de l'énergie explique la dégradation du déficit.

L'énergie et l'inflation font pencher la balance

La hausse des prix de l'énergie à l'importation contribue fortement à ce déficit qui excède de 20 milliards d'euros le déficit déjà record de juillet 2021. La hausse des cours du pétrole et du gaz liée à la guerre en Ukraine est amplifiée par l'appréciation du dollar face à l'euro.

Un déficit porté par les biens manufacturés

Les évolutions de l'environnement industriel français, comme la désindustrialisation, le faible nombre d'entreprises exportatrices (environ 3 % de l'ensemble), un effort moindre en recherche-développement ou une production plus dépendante aux importations, impactent les échanges de biens. L'internationalisation des entreprises de taille intermédiaire figure parmi les missions de la Banque publique d'investissement (BPI France). La reconquête industrielle française est au cœur des plans France Relance et France 2030.

Solde du commerce extérieur de la France (2010-2021), en milliards d'euros

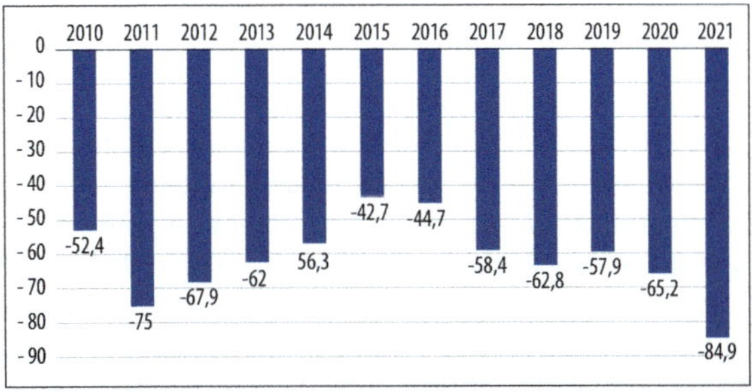

Source : « Douanes françaises », *in* Direction générale du Trésor, *Le commerce extérieur de la France*. Rapport 2021.

Des soldes excédentaires et un déficit contrasté

Le retour du tourisme, avec la fin des mesures sanitaires, impacte positivement le solde des échanges de services, en excédent. De même, le solde des échanges financiers est positif. Par ailleurs, hormis l'énergie, les biens intermédiaires contribuent fortement au déficit des échanges de biens. Mais le textile, les produits chimiques, les biens agricoles ou encore le secteur aéronautique, vedette du commerce français, connaissent une reprise post-crise sanitaire encourageante, avec des niveaux d'exportation supérieurs à l'avant-crise.

Le saviez-vous ?

Au niveau mondial, les dix premières économies représentent plus de la moitié du commerce de marchandises – dont 40 % pour les seuls Chine, États-Unis, Allemagne, Pays-Bas et Japon (OMC, 2021).

13 | Comment regagner des parts du marché mondial ?

Mobiliser le moteur de la productivité

La compétitivité dépend de la productivité, mais aussi du coût du travail. La France a une productivité du travail (rapport entre une production et la quantité de travail qu'elle nécessite) parmi les plus élevées au monde. Toutefois, si elle a recommencé à croître en 2010, c'est à un rythme inférieur à celui d'avant la crise de 2008 (Insee, 2018). Cela est dû entre autres au niveau insuffisant de la dépense nationale en recherche-développement : la France n'y consacre que 2,35 % de son PIB en 2020, contre 3,14 % en Allemagne et 3,45 % aux États-Unis (Banque mondiale, 2022).

Vers une économie de l'offre

Depuis 2013, des mesures comme l'accord national interprofessionnel (ANI) pour un meilleur fonctionnement du marché du travail, le crédit d'impôt pour la compétitivité et l'emploi (CICE) et le pacte de responsabilité et de solidarité redressent les marges des entreprises pour investir, innover et embaucher. La baisse des impôts de production et du taux de l'impôt sur les sociétés, entre 2020 et 2022, a le même objectif. La réforme du marché du travail a connu également d'importantes avancées (lois « Macron » [2015] et « El Khomri » [2016], « ordonnances Macron » [2017]). La trésorerie des entreprises affectées par la crise ukrainienne est par ailleurs soutenue par le prolongement des prêts garantis par l'État, de la facilitation du recours au chômage partiel et par des aides spécifiques « gaz et énergie » (Première loi de finances rectificative 2022).

Accroître le nombre d'entreprises de taille intermédiaire (ETI) ?

L'Allemagne compte un nombre d'ETI plus élevé que la France (plus de 12 000 contre 5 500 en 2019). Or, en France, ces entreprises de 250 à 4 999 salariés se distinguent par un dynamisme tout particulier (32,6 % du chiffre d'affaires total à l'export en 2019 ; Insee, décembre 2021) qu'entrave un environnement administratif et fiscal globalement défavorable. Plusieurs mesures prévues dans le plan France Relance (*cf.* p. 11) annoncé le 3 septembre 2020 (dont la mise en place de « chèques relance export ») visent à remédier à ces contraintes. Le développement des petites entreprises est notamment accompagné par la Banque publique d'investissement, créée en 2012.

Pas de compétitivité sans qualité

La qualité des produits et un niveau de qualification élevé des salariés sont essentiels pour affronter avec succès les marchés étrangers. L'augmentation des investissements dans la recherche-développement et l'enseignement supérieur resterait insuffisante en France sans amélioration du niveau de qualification de l'ensemble des salariés. Il est indispensable de miser sur la maîtrise de compétences minimales par chacun, sur la diversification des parcours d'excellence ou sur la formation continue – levier que le plan France Relance doit actionner.

Le plan France 2030 sur l'innovation technologique

Le plan d'investissement France 2030, présenté le 12 octobre 2021 par le président Emmanuel Macron, vise à transformer les secteurs clés de l'économie par l'innovation technologique.

Pour aller plus loin sur Vie-publique.fr :

Le saviez-vous ?

Le niveau de la productivité horaire du travail en France, qui représentait la moitié du niveau américain en 1950, avait rattrapé son retard dès la fin des années 1980 (*Rapport du Conseil national de la productivité*, juillet 2019).

14 | Le pouvoir d'achat augmente-t-il encore ?

Des difficultés à venir

Depuis la crise de 2008, le pouvoir d'achat des Français (*cf.* définition ci-contre) ne progressait plus significativement. L'année 2014 (1,2 %) a amorcé une inversion de tendance et, en 2019, sa hausse était de 2,6 %, soit la meilleure performance depuis 2007, notamment du fait des dispositions adoptées dans le cadre de la loi du 24 décembre 2018 portant mesures d'urgence économiques et sociales (dont l'octroi d'une prime exceptionnelle totalement défiscalisée pour les salariés gagnant moins de trois fois le Smic). Si, en 2020, le pouvoir d'achat des ménages par unité de consommation a marqué le pas (0,4 %) sous l'effet de la pandémie, la reprise rapide de l'économie a permis une hausse de 2,3 % en 2021. Mais le début de l'année 2022 a montré un recul de – 1,1 % au dernier trimestre du fait de l'augmentation des prix (Insee).

Une perception plus négative que la réalité

Depuis le milieu des années 2000, un décalage existe entre le ressenti des Français et ce que mesurent les statistiques. La perception d'un recul significatif du pouvoir d'achat est liée à plusieurs facteurs telle la hausse des dépenses contraintes (logement, énergie…). C'est la raison pour laquelle l'Insee y a adjoint, à la fin des années 2000, la notion de « pouvoir d'achat arbitrable », qui correspond au revenu disponible brut amputé des dépenses de consommation « pré-engagées », c'est-à-dire plus ou moins non négociables (logement, assurances…). Néanmoins, en 2022, cette perception devrait revêtir une certaine réalité.

Comment est calculé le pouvoir d'achat ?

On soustrait du revenu perçu par les ménages les cotisations sociales et les impôts directs, puis on ajoute les prestations sociales. Cela donne le revenu disponible brut (RDB). Celui-ci doit ensuite être corrigé de l'évolution des prix à la consommation pour obtenir le pouvoir d'achat. Afin de tenir compte de l'évolution de la composition des ménages, l'Insee calcule aussi le pouvoir d'achat par unité de consommation. Le revenu est alors divisé par le nombre d'unités de consommation (1 unité pour le premier adulte du ménage, 0,5 pour les autres personnes de plus de 14 ans, 0,3 par enfant de moins de 14 ans).

Évolution du pouvoir d'achat des ménages de 2012 à 2021, en %

	2012	2013	2014	2015	2016	2017	2018	2019	2020	2021
Pouvoir d'achat	− 0,4	− 1,2	1,2	0,8	1,6	1,7	1,4	2,6	1,0	2,3
– par ménage	*− 1,2*	*− 2*	*0,3*	*0*	*0,7*	*0,9*	*0,4*	*1,4*	*0,4*	*2*
– par unité de consommation	*− 1,1*	*− 1,8*	*0,6*	*0,3*	*1*	*1,1*	*0,7*	*1,5*	*− 0,3*	*1,9*

Source : Insee, *Comptes nationaux*, base 2014, mai 2021.

L'impact de l'inflation en 2022

Le pouvoir d'achat en 2022 et 2023 risque d'être pénalisé par la très forte augmentation du prix de l'énergie et de certaines denrées alimentaires de première nécessité, et ce malgré la mise en place de mesures limitant l'impact de l'inflation.

Les pénuries constatées dans de nombreux secteurs renforcent ce sentiment de baisse du pouvoir d'achat.

15 Les inégalités progressent-elles en temps de crise ?

Une progression tardive des inégalités par rapport aux autres pays développés

Depuis les années 1980, les inégalités de revenu augmentent dans l'ensemble des pays développés. La France faisait partie des exceptions en raison de son modèle de protection sociale, alors que de nombreux pays mettaient en œuvre des réformes libérales. Cependant, depuis la fin des années 1990, les inégalités ont progressé, notamment en Île-de-France. Malgré la crise du Covid, l'Insee constate une stabilité du taux de pauvreté en 2020. Les dispositifs exceptionnels ont permis d'éviter sa hausse. La crise énergétique, combinée à l'inflation, sont quant à elles susceptibles de diminuer considérablement le niveau de vie des Français les plus précaires et les plus âgés.

Concentration des richesses et indicateurs d'inégalité

Les plus hauts revenus concentrent les richesses. Les politiques fiscales mises en œuvre depuis 2017 contribuent à augmenter les revenus du patrimoine financier. Alors que le niveau de vie moyen des Français a augmenté de 18,8 % sur la période 1998-2020, celui des personnes dont le niveau de vie est inférieur au 1er décile (8 710 euros en 2019) a crû de 9,2 % et celui des personnes dont il dépasse le 9e décile (61 170 euros en 2019), de 30,7 %. Sur la période, le rapport interdécile s'est cependant maintenu autour de 3,4, augmentant à 3,5 après la crise de 2008. L'indice de Gini (*cf.* graphique ci-contre) a légèrement augmenté, égal à 0,279 en 1998 et 0,289 en 2020 (Insee, septembre 2022).

Inégalités et précarité énergétique

La guerre en Ukraine et la hausse drastique des prix de l'énergie exacerbent les inégalités en termes de niveaux de vie puisque cela renforce le phénomène de précarité énergétique : durant l'hiver 2020-2021, le nombre de Français déclarant avoir souffert du froid était déjà en hausse de 43 % par rapport à 2019-2020 en raison de stratégies de réduction des dépenses énergétiques (baromètre énergie-info 2021). La hausse des prix de l'énergie devrait atteindre 120 % sur les factures des ménages début 2023, mais elle sera maintenue à 15 % par la prolongation du bouclier tarifaire.

Les inégalités : comparaisons internationales

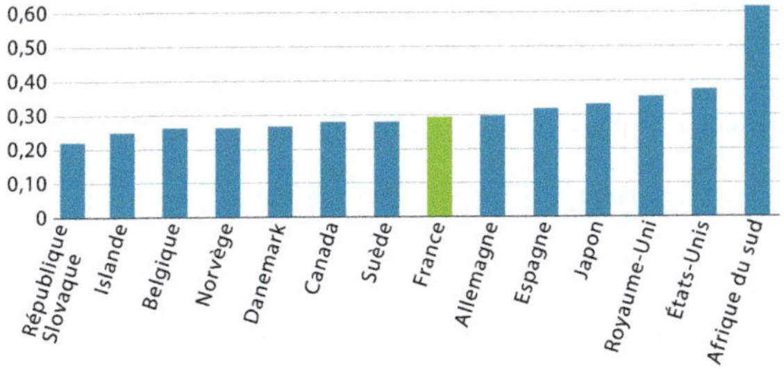

Graphique réalisé à partir de l'indice de Gini, indicateur synthétique d'inégalité, données de 2017 à 2021 selon les pays. 0 = égalité totale ; 1 = inégalité totale.

Source : OCDE, juin 2021.

L'État au secours du pouvoir d'achat des plus démunis

38 millions de Français gagnant moins de 2 000 euros nets par mois ont perçu une indemnité inflation d'un montant de 100 euros, versée en décembre 2021-février 2022. Il s'agit d'une aide exceptionnelle d'urgence pour soutenir le pouvoir d'achat des Français. La prime de rentrée exceptionnelle en fonction du nombre d'enfants à charge est votée dans la loi du 16 août 2022 portant mesures d'urgence poour la protection du pouvoir d'achat à destination des foyers bénéficiant des minima sociaux et versée à partir du 15 septembre 2022. Au mois de juillet 2022, la prime d'activité a également été revalorisée de 4 %.

16 | Qui sont les pauvres en France ?

On compte 9,2 millions de pauvres en 2019

Le seuil de pauvreté était évalué en 2019 à 1 102 euros par mois pour une personne seule. Il correspond à 60 % du revenu médian, qui partage la population en deux effectifs égaux, la moitié disposant de revenus plus élevés et l'autre moitié de revenus moins élevés. Depuis 2005, le nombre de pauvres a augmenté progressivement (Insee, 2021), sauf en 2019 où il a enregistré une légère baisse. Il représente 14,6 % de la population française en 2019 contre 13,8 % en 2013. En 2020, le taux de pauvreté et les inégalités seraient restées au même niveau sous l'effet des mesures sociales mises en place dans le cadre de la crise du Covid-19.

Des jeunes, des familles monoparentales et des travailleurs précaires

Selon l'Insee, en 2019, 2,8 millions d'enfants de moins de 18 ans (soit 20,2 %) vivaient sous le seuil de pauvreté. Les familles monoparentales sont fortement touchées : 32,8 % d'entre elles étaient pauvres. Le nombre de travailleurs pauvres (intérim, temps partiel…) a également augmenté depuis 2004 : en 2019, ils étaient 2,1 millions, soit un taux de pauvreté de 8,1 % (Insee, *France, portrait social*, 2022).

Plus nombreux au Nord et dans le Sud

Selon l'Insee, en 2018, le taux de pauvreté était compris entre 17 et 18 % dans les régions Corse, Hauts-de-France, Paca et Occitanie. C'est dans le département de la Seine-Saint-Denis qu'il est le plus élevé, avec 28,4 % en 2018. Outre la Haute-Savoie (8,9 %), les plus faibles taux de pauvreté (moins de 10 %) sont observés dans les Yvelines et en Vendée. Les différences de richesse, bien qu'atténuées par le nouveau découpage des régions, restent donc importantes.

Quelle mesure de la pauvreté ?

En France et en Europe, la pauvreté est évaluée en référence (ou relativement) aux modes de vie et à la répartition des revenus propres à chaque société. On parle de pauvreté monétaire relative. Le seuil de pauvreté est donc fixé à 60 % du revenu médian. Un débat existe cependant sur le pourcentage à retenir : 50 % ou 60 % de ce revenu ? En effet, si l'on établit le seuil à 50 % du revenu médian (918 euros mensuels en 2019 pour une personne seule), on ne compte plus « que » 5,2 millions de personnes pauvres en France.

Une nouvelle hausse de la pauvreté sous l'effet de l'inflation ?

Fin septembre 2022, le gouvernement estime l'inflation sur l'année à + 5,3 %, dont + 9,9 % pour les produits alimentaires et + 17,8 % pour l'énergie. Ces postes de dépenses étant incompressibles pour la plupart des ménages modestes et pauvres, on pourrait s'attendre à une augmentation du taux de pauvreté pour cette année, mais les statistiques de pauvreté pour 2022 ne seront publiées par l'INSEE qu'en 2024. Cependant, on peut déjà constater que plusieurs indicateurs de pauvreté subjective ont augmenté, avec par exemple une hausse de 55 % (2021) à 65 % (2022) de Français disant connaître un proche en situation de pauvreté (Baromètre de la pauvreté 2022, Ipsos).

« Pauvreté démultipliée » ou stabilité des inégalités ?

Lors de la remise, en mai 2021, du rapport *La pauvreté démultipliée* du Conseil national des politiques de lutte contre la pauvreté et l'exclusion (CNLE), la présidente de celui-ci, Fiona Lazaar, déclarait : « La crise [sanitaire] agit comme un révélateur et un accélérateur de la pauvreté : elle entrave les sorties de la pauvreté, précipite dans la pauvreté des personnes qui en étaient proches, et entraîne des arrivées inattendues dans la pauvreté. » Néanmoins, selon une estimation publiée par l'Insee, en 2020, les inégalités et le taux de pauvreté monétaire seraient restés stables, sous l'effet des mesures mises en place (*Insee analyses*, n° 70, novembre 2021).

17 | Comment réduire la pauvreté et l'exclusion ?

Le rôle des associations et de l'aide sociale

Des minima sociaux sont versés, principalement le revenu de solidarité active (RSA), l'allocation de solidarité spécifique et l'allocation aux adultes handicapés. Des centres d'hébergement accueillent les sans-abris. Des associations et des organismes sont très actifs dans la lutte contre la pauvreté. Les Restos du cœur ont ainsi distribué 142 millions de repas et accueilli 1,2 million de personnes en 2020-2021.

Un engagement européen

Dans le cadre du Plan d'action sur le socle européen des droits sociaux, le Conseil européen a adopté en 2020 des conclusions sur le revenu minimum. La lutte contre la pauvreté et l'exclusion sociale est prioritaire : une plateforme européenne de lutte contre le sans-abrisme a été lancée en 2021. Par ailleurs, depuis novembre 2021, la Commission européenne repense l'avenir de la protection sociale et de l'État-providence.

Faire face à la paupérisation en temps de crise

La politique du « quoi qu'il en coûte » pendant la crise Covid ne s'est pas adressée qu'aux entreprises. Une aide exceptionnelle de solidarité et des aides alimentaires et financières d'urgence distribuées par les caisses d'allocations familiales ont été mises en œuvre pour éviter que les ménages ne tombent dans la pauvreté. Le chômage partiel a également protégé de l'exclusion. Face à la hausse des coûts de l'énergie depuis 2021, un bouclier tarifaire est mis en place, des chèques énergie sont distribués. Mais l'État n'est pas seul acteur : le blocage des prix de la grande distribution sur certains produits de première nécessité sécurise aussi le pouvoir d'achat.

RSA et prime d'activité

Le RSA s'adresse aux plus de 25 ans sans ressources, et le RSA jeune aux personnes âgées de 18 à 25 ans en situation de parent isolé ou ayant travaillé deux ans à temps plein durant les trois années précédant leur demande. Il garantit un revenu minimal. De plus, instaurée le 1er janvier 2016, la prime d'activité est versée dès le premier euro d'activité aux jeunes actifs dès 18 ans qui touchent de faibles revenus.

2022 : des mesures exceptionnelles

La loi du 1er décembre 2022 de finances rectificative pour 2022 prévoit des mesures exceptionnelles pour les ménages les plus modestes : chèque énergie, aide pour le chauffage au bois…

Pour aller plus loin
sur Vie-publique.fr :

Pauvreté : des mesures spécifiques en faveur des jeunes

En octobre 2020, le Premier ministre, Jean Castex, a annoncé la mise en œuvre de plusieurs mesures « pour prévenir […] la bascule dans la pauvreté » visant spécifiquement les jeunes. Garanties jeunes supplémentaires ; aide de 150 euros aux 560 000 Français âgés de moins de 25 ans et non-étudiants percevant des allocations logement ainsi qu'aux 740 000 étudiants boursiers.

Le Contrat d'engagement jeune propose depuis le 1er mars 2022 un accompagnement individuel à des jeunes de 16 à 25 ans qui présentent des difficultés d'accès à l'emploi.

Le saviez-vous ?

La première loi de finances rectificative du 19 juillet 2021 a mis en place une aide de 50 euros devant permettre aux enfants et aux jeunes issus des milieux les plus défavorisés d'adhérer à une association sportive. Ce dispositif, nommé Pass'Sport, est reconduit pour la rentrée 2022-2023.

18 | Qui sont les riches en France ?

Une difficile définition de la richesse

Contrairement à la pauvreté, il existe peu de statistiques officielles sur la richesse en France ; aucune n'intègre à la fois les revenus et le patrimoine. L'Insee définit comme « aisée » une personne seule gagnant plus de 1,8 fois le revenu médian, soit un seuil de richesse fixé à 3 306 euros par mois après impôt en 2019, mais le nombre de personnes « aisées » en France n'est pas publié. L'Observatoire des inégalités estime que cela concerne 6,5 millions de personnes, soit 10,3 % de la population (2019).
Une autre approche de la richesse consiste à considérer les niveaux de revenus au-dessus desquels se situent un certain pourcentage de la population. Le seuil des 10 % les plus riches s'élève à 3 328 euros, celui des 5 % à 4 156 euros, celui des 1 % à 7 180 euros (2019). On observe que les écarts se creusent lorsqu'on atteint des niveaux de revenus de plus en plus élevés, notamment chez les « ultra-riches » : le seuil des 0,1 % se situe à 17 538 euros mensuels et celui des 0,01 % à 54 497 euros (2018), ces deux catégories comprenant respectivement 63 000 et 6 300 personnes.

L'évolution du nombre de riches en France

Le nombre de personnes catégorisées comme riches est en baisse constante depuis 2011. On peut identifier deux causes majeures à cela : les réformes fiscales post-crise engagées à partir de 2010, ainsi que la hausse du niveau de vie médian qui a mécaniquement diminué le nombre de personnes gagnant le double du revenu médian. Il n'existe pas encore de données sur l'évolution des revenus entre 2019 et 2022 étant donné les bouleversements causés par la crise du Covid.

Richesse de patrimoine *versus* richesse de revenus ?

Une autre manière d'appréhender le concept de richesse en France est de considérer non plus les revenus mais le patrimoine. L'Observatoire des inégalités le définit comme le triple du patrimoine médian, soit 490 000 euros, ce qui représente 16 % de la population en 2019. Le seuil des 10 % qui détiennent le plus de patrimoine est de 607 700 euros et celui des 1 % de 1 914 600 euros. Ainsi, la répartition du patrimoine est largement plus inégalitaire que la répartition des revenus : les 10 % les plus riches concentrent 28 % des revenus, mais 54 % du patrimoine.

À partir de quel revenu est-on riche en France ?

2011	2022
3 544 €/mois	**3 673 €/mois**
Seuil de richesse (pour une personne seule après impôts)	Seuil de richesse (pour une personne seule après impôts)
9 %	**7,1 %**
vit au-dessus du seuil de richesse	vit au-dessus du seuil de richesse

Source : Observatoire des inégalités, 2022 / vie-publique.fr

Commentaire : Le seuil de richesse correspond au double du niveau de vie médian. Il est calculé pour une personne seule après impôts. En 2022, le niveau de vie médian est de 1 836,5 euros. Ce seuil ne tient pas compte du patrimoine.

Qui sont-ils ?

D'après le rapport de l'Observatoire des inégalités paru en 2022, les personnes riches sont plus âgées en moyenne (57 ans) que les autres adultes. Ces personnes sont bien plus souvent propriétaires de leur logement (82 %) et n'ont pas ou plus d'enfant à charge (63 %). En termes géographiques, la région Île-de-France concentre 43 % des 1 % les plus riches et 54 % de la tranche 0,1 %, avec une surreprésentation de Paris et de l'ouest de la région parisienne. Viennent ensuite les régions Auvergne-Rhône-Alpes, les Hauts-de-France et la Nouvelle-Aquitaine.

19 | Santé : quel diagnostic général ?

Une population de mieux en mieux soignée

En 2021, l'espérance de vie à la naissance des hommes était de 79,3 ans, celle des femmes de 85,4 ans (Insee). Même si certaines maladies (liées au tabagisme, par exemple) sont en expansion, la plupart d'entre elles se soignent mieux et sont dépistées plus en amont qu'auparavant. S'agissant tout particulièrement des cancers, qui affectaient ou avaient affecté quelque 3,8 millions de Français en 2022, le taux de mortalité standardisé a reculé de 2 % par an chez les hommes et de 0,7 % pour les femmes entre 2010 et 2018 (Inca, *Panorama des cancers en France, 2022*).

Mauvaise santé rime souvent avec pauvreté : les effets de la crise sanitaire

La fraction la plus pauvre de la population française consulte moins souvent un médecin et pratique moins de tests de dépistage de prévention que les autres catégories sociales. Elle peut bénéficier de la complémentaire santé solidaire (ex-CMU-C et ACS) mise en place le 1er novembre 2019, destinée aux personnes non couvertes par une complémentaire et soumise à des plafonds de ressources. Selon la direction de la Recherche, des Études, de l'Évaluation et des Statistiques (*L'état de santé de la population en France,* septembre 2022), si le risque d'hospitalisation liée à la Covid-19 s'accroît principalement avec l'âge, il diminue en fonction du niveau de vie des intéressés.

Les principales causes de décès en France et dans l'UE (pour 100 000 habitants, en 2017)

	Sexe	Tumeurs malignes	Maladies de l'appareil circulatoire	Maladies de l'appareil respiratoire	Maladies de l'appareil digestif	Accidents de transport	Suicides
France*	Femmes	179,9	155,9	42,2	25,2	2,3	5,9
	Hommes	332,4	254,0	80,5	46,7	7,9	22,0
UE à 28*	Femmes	200,2	301,5	61,9	33,3	2,5	4,5
	Hommes	343,0	426,2	115,5	54,5	9,0	17,0

* Données 2016, pour 100 000 habitants.
Source : Eurostat (extraction du 2 avril 2021). Données provisoires pour 2017.

Fumeurs : une évolution liée à la Covid-19

Selon Santé publique France (mai 2022), l'épidémie a induit des comportements très contrastés parmi les fumeurs en 2020-2021 : en effet, « chez les participants rapportant une augmentation de leur consommation, majoritaires dans cet échantillon, les raisons avancées étaient le stress, l'ennui et le changement de situation professionnelle. Les individus déclarant avoir moins fumé du fait de la crise sanitaire évoquaient les occasions sociales limitées (au travail ou lors de sorties) qui avaient permis de réduire une consommation à l'enjeu principalement convivial ».

Une surmortalité liée à la canicule en 2022

La France a enregistré un excès de mortalité de plus de 2 800 personnes pendant les périodes de canicule (Santé publique France, novembre 2022).

Le saviez-vous ?

Si l'on en croit plusieurs études scientifiques récentes, la consommation régulière de café aurait un effet bénéfique sur la mémoire, notamment pour les personnes atteintes de la maladie d'Alzheimer (Inserm, juin 2022).

20 Comment le système de santé français a-t-il fait face à la crise sanitaire ?

La poursuite d'une stratégie : dépister, soigner, isoler, vacciner

Pour limiter la propagation du virus de la Covid-19, qui a fait 155 198 morts depuis le début de la pandémie (au 3 octobre 2022), une double stratégie a été mise en place : dépister, soigner et isoler les personnes malades ; identifier (recueillir des informations pour casser les chaînes de transmission dans les territoires avec l'apparition de clusters), tester et isoler les cas contacts (avec des mesures de fermeture d'établissement par exemple). L'émergence de nouveaux variants et le début de la campagne de vaccination ont coïncidé début 2021. Au 4 octobre 2022, 80,9 % de la population a reçu au moins une injection, faisant de la France le 7e pays le plus vacciné au monde, derrière l'Espagne et l'Italie mais devant le Royaume-Uni, les États-Unis et l'Allemagne.

La mobilisation des professionnels de santé

Plusieurs leviers ont été mobilisés par le ministère des Solidarités et de la Santé, notamment un appel à mobilisation auprès de 27 000 réservistes. La réserve sanitaire existe depuis 2007 et est constituée de professionnels de santé volontaires (médecins, infirmiers, aides-soignants, secrétaires médicaux, épidémiologistes, psychologues…) et mobilisables par le ministère ou bien par une agence régionale de santé (ARS) pour faire face à des situations sanitaires exceptionnelles.

L'activation de « plans blancs » par les hôpitaux publics et privés leur a permis de revoir les plannings du personnel et de déprogrammer les interventions non urgentes.

La Mission « flash » au chevet des hôpitaux

Le 30 juin 2022, le rapport de la Mission « flash » sur les urgences et soins non programmés a été remis à la Première ministre, Élisabeth Borne. Outre un premier bilan des effets du pacte de refondation des urgences adopté en 2019, il y est formulé 41 recommandations « pour préserver notre réponse aux soins urgents et/ou non programmés cet été », dont un recours accru à la médecine de ville afin d'éviter les engorgements dans les services d'urgence.

Pour aller plus loin
sur Vie-publique.fr :

100 % santé : quel premier bilan ?

Depuis le 1er janvier 2021 s'est généralisé le dispositif « 100 % santé », institué par la loi de financement de la sécurité sociale pour 2019, qui permet une prise en charge totale des frais médicaux engagés pour les lunettes, les audioprothèses et le dentaire après remboursement par l'Assurance maladie et les mutuelles. Son objectif est de faire reculer le renoncement aux soins grâce à la baisse des restes à charge des patients. La Cour des comptes, dans un rapport publié en juillet 2022, estime que cet objectif est globalement atteint, mais souligne « une amélioration de la couverture des besoins inégale selon les secteurs », en particulier pour l'optique.

Retour sur les plans nationaux santé-environnement

Le Haut Conseil de la santé publique a rendu public, en mars 2022, son rapport sur les plans nationaux santé-environnement mis en œuvre entre 2004 et 2019 et visant à réduire l'impact des facteurs environnementaux sur la santé. Il y note un recul des émissions de quasiment tous les polluants atmosphériques (dont le plomb), une tendance certes amorcée dès 1990.

21 Comment financer les dépenses de santé ?

Bien se soigner a un coût croissant…

Les dépenses d'assurance maladie représentaient plus de 50 % des dépenses totales du régime général en 2021. En raison de la crise sanitaire, elles ont progressé de 10,2 % en 2020, mais reculé (de 2 %) en 2021 du fait notamment de l'importante baisse des indemnités journalières servies aux personnes atteintes de la Covid-19 (Commission des comptes de la sécurité sociale, juillet 2022). L'augmentation globale des dépenses sur une plus longue période s'explique notamment par le vieillissement d'une population qui nécessite davantage de soins, mais aussi par le progrès médical et la prise en charge de nouvelles pathologies.

… qui n'est pas encore complètement maîtrisé

Les réformes survenues depuis deux décennies ont visé à maîtriser les dépenses de santé. Elles ont d'abord mis le patient à contribution : instauration d'un parcours de soins coordonnés avec le médecin traitant, de forfaits et de franchises médicales, déremboursement de certains médicaments… Elles ont également consisté en une réorganisation territoriale et en une modernisation de la gestion des hôpitaux (notamment la tarification à l'activité). Toutefois, la mise en œuvre, à l'été 2022, du premier plan de soutien urgent au système de santé, qui fait suite aux préconisations de la Mission « flash » (*cf.* Q20), devrait engendrer un important surcroît de dépenses.

Un financement essentiellement public

La sécurité sociale finance près des trois quarts des dépenses de santé en France. De même, les hôpitaux publics, bien que moins nombreux que les établissements privés, concentrent la majorité de l'offre de lits et de la fréquentation.

Des soins hospitaliers et ambulatoires très demandés

La consommation de soins et de biens médicaux s'établissait à 226,7 milliards d'euros en 2021, soit + 7,9 % sur 2020 (Drees, 2022). Chaque année, les soins hospitaliers en représentent près de la moitié. Ils devancent les soins de ville (médecins, sages-femmes, auxiliaires médicaux, dentistes, analystes et cures thermales), qui y contribuent environ pour un quart. Les médicaments, quant à eux, y ont participé pour un peu moins de 14 % en 2021. Parmi les médicaments les plus prescrits, on trouve notamment les anti-hypertenseurs, les antalgiques et les anti-dépresseurs.

Structure du financement de la consommation de soins et de biens médicaux en France (2010 et 2021)

	2010	2021
Sécurité sociale de base	76,3 %	79,8 %
État, coll. locales et CMU-C organismes de base	1,3 %	0,4 %
Organismes complémentaires	13,4 %	12,9 %
– *dont mutuelles*	*7,5 %*	*6,1 %*
– *dont sociétés d'assurances*	*3,5 %*	*4,2 %*
– *dont institutions de prévoyance*	*2,4 %*	*2,6 %*
Ménages	9,0 %	7,0 %
Total	**100,0 %**	**100,0 %**

Source : Drees, *Les dépenses de santé en 2021*, septembre 2022.

La lente progression du marché des médicaments génériques

En 2020, les médicaments génériques ou assimilés représentaient 40,2 % des unités vendues en pharmacie, contre 24,9 % en 2010 et 15,1 % en 2005 (rapports 2006, 2011 et 2021 du Comité économique des produits de santé).

22 Les retraités, une population hétérogène ?

Une population nombreuse

Fin 2020, on comptait 16,9 millions de retraités, contre un peu plus de 12 millions en 2000 (Drees, 2022). S'y ajoutent quelque 635 000 bénéficiaires de l'allocation de solidarité aux personnes âgées (ASPA), ou de l'allocation supplémentaire du minimum vieillesse (ASV) pour ceux qui n'ont pas suffisamment cotisé aux régimes de retraite. Le nombre de nouveaux retraités, qui avait nettement progressé en 2013, a reculé entre 2014 et 2020 (sauf en 2017 et en 2018, où il a progressé) en raison de l'élévation de l'âge légal de départ introduite par la réforme de 2010 et des assouplissements du dispositif de départ anticipé pour carrière longue mis en place en 2012 et 2014.

Des situations très dissemblables

En 2020, tous régimes confondus, l'âge moyen de départ à la retraite s'est établi à 62,4 ans, contre 60,5 ans en 2010. Les catégories les plus concernées par des départs précoces sont, pour le secteur privé, les personnes handicapées ou celles ayant eu une carrière longue et, pour le secteur public, les fonctionnaires en service dit actif (policiers, personnels soignants des hôpitaux…) et les militaires. La pension moyenne était de l'ordre de 1 509 euros bruts par mois fin 2020, mais les disparités sont nombreuses selon le sexe, la carrière et le métier exercé. Il convient d'ajouter à ces ménages ceux percevant le minimum vieillesse.

Exemples de pensions de retraite de droit direct fin 2020 (montants mensuels bruts moyens en euros)

	Ensemble	Femmes	Hommes
Tous retraités de droit direct	1 510	1 150	1 930
Salariés du régime général	1 380	990	1 870
Fonctionnaires civils de l'État	2 270	2 090	2 510
Exploitants agricoles	800	660	980
Membres de professions libérales	2 340	1 650	2 700

Champ : retraités ayant perçu un droit direct au cours de l'année 2020, résidant en France, vivants au 31 décembre 2020.
Source : Drees, *Les retraités et les retraites*, éd. 2022.

Les bénéficiaires du minimum vieillesse

Ils regroupent les bénéficiaires de l'allocation de solidarité aux personnes âgées (ASPA), créée en 2006, et ceux de l'ancienne allocation supplémentaire vieillesse (ASV). Leur moyenne d'âge est élevée (74,1 ans fin 2020) et les femmes sont très majoritaires parmi les allocataires isolés (67 %). Ces bénéficiaires résident surtout dans le sud de la France, en Seine-Saint-Denis et dans les départements d'outre-mer, où ils représentent (hors Mayotte) 16,2 % des personnes âgées de 62 ans ou plus (Drees, 2022).

Les Français et l'âge de départ à la retraite

En 2021, selon la Drees, 60 % des non-retraités souhaitaient partir à la retraite à l'âge de 60 ans au plus tard, contre 73 % en 2014 et 95 % en 2001. Toutefois, une très faible minorité d'entre eux (8 %) considérait que c'était réellement envisageable. De plus, la part de ceux déclarant qu'ils ne pourront partir qu'au-delà de 65 ans, qui avait reculé depuis 2015, s'est stabilisée entre 2018 et 2021.

23 | Les retraites, un système complexe ?

Une fusée à trois étages…

Le système français de retraite repose sur trois étages : les régimes de base obligatoires, les régimes complémentaires obligatoires et l'épargne retraite (ex. : plan d'épargne entreprise). Les actifs sont affiliés suivant leur catégorie de rattachement (salariés du secteur privé, agents de la fonction publique ou non-salariés).

… héritage d'une longue histoire…

Le système actuel date pour l'essentiel de 1945. Mais plusieurs régimes dits spéciaux remontent au XIXe siècle (chemins de fer en 1850, fonctionnaires en 1853…) voire avant (officiers de la marine royale en 1673).

… et objet de réformes régulières

Depuis 25 ans environ, les réformes ont porté globalement sur trois paramètres : l'âge légal de départ, fixé à 62 ans à partir de la génération née le 1er janvier 1955 ; la durée de cotisation nécessaire pour percevoir une pension à taux plein ; le développement de l'épargne retraite en entreprise et individuelle. Le projet de réforme lancé fin 2019 instituant un système universel de retraites, qui a été reporté, prévoyait l'instauration d'un système de calcul de la pension (par points) commun à l'ensemble des régimes existants (base + complémentaires).

Pour aller plus loin
sur Vie-publique.fr :

Quel âge minimum pour partir à la retraite ?

En 2022, l'âge minimum légal d'ouverture des droits à la retraite varie selon le statut professionnel :

- dans le secteur privé (salariés et non-salariés), il est fixé à 62 ans pour les générations nées à partir de 1955 ;
- dans la fonction publique, il va de 52 ans pour les agents des catégories dites « super actives » (police nationale…) à 62 ans pour les agents des catégories « sédentaires » et les contractuels.

Le projet de réforme

Un projet de loi de réforme, déposé à l'Assemblée nationale le 24 janvier 2020 et adopté en première lecture, n'a pu être définitivement voté en raison de la crise sanitaire. La Première ministre, Élisabeth Borne, a déclaré devant l'Assemblée nationale, le 15 novembre 2022, qu'il faudrait « travailler un peu plus longtemps » dans le cadre de la réforme des retraites.

Âge légal et âge effectif de départ à la retraite en Europe

On assiste à peu près partout à une élévation de l'âge légal, généralement jusqu'à 65 ans, voire plus (en Allemagne, recul progressif à 67 ans de 2012 à 2029, sauf exceptions). Toutefois, nombre d'actifs décident de partir plus tôt, soit par choix personnel, soit parce qu'ils ne trouvent plus de travail. Le cas de l'Allemagne illustre bien ce phénomène : en 2020, l'âge effectif de départ y était en moyenne de 63,2 ans pour les femmes et de 63,1 ans pour les hommes, alors que l'âge légal était fixé à 65 ans et huit mois (OCDE).

Le saviez-vous ?

En 2020, quelque 495 000 personnes (soit 3,4 % des retraités de 55 ans ou plus) cumulaient l'exercice d'une activité professionnelle et la perception d'une pension de retraite. Plus de la moitié d'entre elles avait 65 ans ou plus. Il s'agit principalement d'emplois à temps partiel (Drees, 2021).

24 Les retraites, un système en péril ?

Des retraités vivant de plus en plus longtemps

Avec l'allongement de l'espérance de vie, la durée de la retraite va sensiblement augmenter dans les décennies à venir. Or, dans le même temps, la faible progression de la population active et la persistance d'un taux de chômage élevé devraient réduire le nombre des travailleurs à même de financer la pension de leurs aînés.

Des pensions à financer

D'après le Conseil d'orientation des retraites (COR), la part des dépenses de retraite dans le PIB, après une stabilisation (à un peu moins de 14 %) entre 2021 et 2027, s'accroîtrait pour s'approcher de 15 % (selon l'un des scénarios retenus) à l'horizon 2032.

À plus long terme, à savoir jusqu'en 2070, le vieillissement de la population française devrait être compensé notamment par l'élévation (de 62 ans à 64 ans) de l'âge moyen de départ à la retraite consécutif aux réformes déjà mises en œuvre. Néanmoins, le système de retraite français serait alors marqué par un besoin de financement, dont l'ajustement reposerait sur trois leviers : le rapport démographique (nombre de cotisants rapporté à celui de retraités), le taux de prélèvement (cotisations des actifs) et le taux de remplacement (niveau des pensions par rapport à celui des salaires) (COR, septembre 2022).

Dépenses du système de retraite en % du PIB observées et projetées

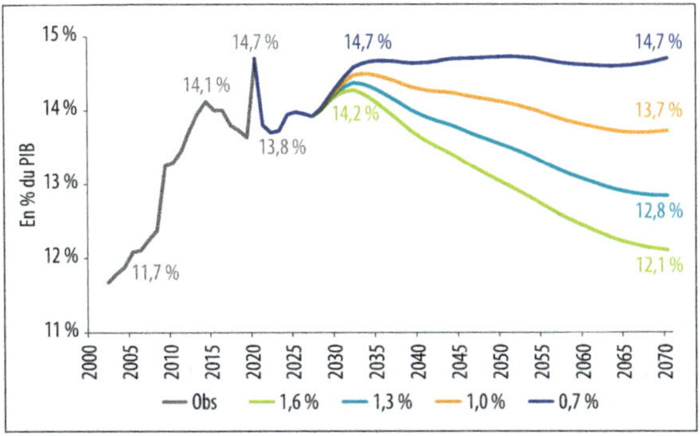

Source : Conseil d'orientation des retraites, *Rapport annuel. Évolutions et perspectives des retraites en France*, septembre 2022.

Retraites supplémentaires : un apport qui reste marginal

La retraite supplémentaire permet de compléter les retraites de base et complémentaires (obligatoires). Elle regroupe les régimes facultatifs de retraite par capitalisation, tels que le plan d'épargne retraite populaire ou Perp, proposé par certaines entreprises à leurs salariés. Avec 16,4 milliards d'euros de cotisations en 2020 selon la Drees (2022), elle représente une part très faible de l'ensemble des régimes de retraite (obligatoires et complémentaires) : seulement 5,1 % des cotisations acquittées au titre de la retraite et 2,1 % de l'ensemble des prestations retraites versées cette année-là.

25 La dépendance des personnes âgées, où en est-on ?

Qu'appelle-t-on dépendance ?

On désigne par dépendance l'altération des fonctions vitales qui touche les personnes âgées (les seniors dès 60 ans selon l'Insee, et 65 ans selon l'OMS – le grand âge débute à 85 ans). Celle-ci se traduit par une perte d'autonomie dans les tâches quotidiennes (faire sa toilette, se nourrir…) ou par le besoin d'une surveillance permanente. Elle est évaluée à partir d'une grille nationale qui permet de positionner les individus dans des groupes iso-ressources (Gir) qualifiant le niveau de dépendance et qui sert de critère pour l'attribution d'aides spécifiques. La dépendance se distingue du handicap, qui n'implique pas nécessairement une altération de l'ensemble des fonctions vitales et peut concerner des personnes de tous âges.

Une situation qui prend de l'ampleur

Au 1er janvier 2022, on comptait 9,8 % de personnes âgées de 75 ans et plus. Celles-ci devraient représenter 17,8 % en 2070. Le nombre de personnes dépendantes est appelé à s'accroître, pour deux raisons essentielles. Tout d'abord, l'élévation de l'espérance de vie constitue une tendance de longue durée : si l'on excepte 2020, année de crise sanitaire, elle est à nouveau en hausse après une très légère baisse en 2015. Ainsi, selon l'Insee, l'espérance de vie des personnes nées en 2021 est de 79,3 ans pour les hommes et de 85,4 ans pour les femmes. Pour celles qui naîtront en 2060, elle devrait être de 86 ans pour les hommes et de 91,1 ans pour les femmes. Par ailleurs, l'arrivée au grand âge des classes nombreuses de l'après-guerre contribue aujourd'hui à cette progression.

Combien de personnes dépendantes ?

Fin 2020, on comptait 1,3 million de personnes bénéficiaires de l'allocation personnalisée d'autonomie (APA), réservée aux personnes de plus de 60 ans reconnues dépendantes (chiffres clés, Caisse nationale de solidarité pour l'autonomie, 2022). Ce chiffre pourrait approcher les 2 millions en 2040.

Cependant, toutes les personnes âgées ne deviennent pas dépendantes : en 2017, seuls 8 % des plus de 60 ans et 20 % des plus de 85 ans étaient dépendants ; l'âge moyen de perte d'autonomie était de 83 ans.

En décembre 2020, les bénéficiaires de l'APA se répartissaient entre 781 921 personnes à domicile et 536 247 en établissement.

Qui sont les bénéficiaires de l'APA à domicile ?

À la fin 2017, un bénéficiaire sur deux avait plus de 85 ans et 5 mois, un chiffre en hausse depuis 2011. Les intéressés vivaient en majorité seuls, dans des proportions plus élevées que l'ensemble de la population des mêmes classes d'âge. Une personne sur deux disposait de ressources mensuelles inférieures à 1 250 euros, et une sur dix inférieures à 650 euros. En moyenne, ces ressources sont passées de 1 260 euros fin 2011 à 1 400 euros fin 2017 (en euros constants fin 2017 pour la France métropolitaine) (Drees, 2020).

EHPAD, une évolution indispensable

En février 2022, soit quelques jours après la publication du livre *Les Fossoyeurs* dénonçant la gestion d'établissements d'hébergement pour personnes âgées dépendantes (EHPAD) par une entreprise privée, la Cour des comptes a rendu public un rapport pointant des insuffisances (par exemple en termes de personnels qualifiés), en dépit d'une forte croissance des dépenses publiques dédiées entre 2011 et 2019.

26 | Face à la dépendance : des solutions adaptées ?

Quels facteurs de coûts ?

Le coût de la dépendance progresse, tout d'abord, du fait de l'augmentation du nombre de personnes âgées, donc du volume des aides nécessaires. Y participent ensuite le coût croissant des équipements, comme pour toutes les pathologies, et la forte présence des femmes sur le marché du travail. En effet, à l'inverse des périodes antérieures, la majorité des femmes travaillent et ne peuvent plus s'occuper d'un ascendant à domicile. On considère toutefois que 80 % des personnes dépendantes bénéficient d'une aide de leur famille.

Quels dispositifs ?

L'allocation personnalisée d'autonomie (APA), créée en 2002 et réformée en 2015 en diminuant la participation financière des bénéficiaires, est accordée aux personnes dépendantes, qu'elles vivent à domicile ou en institution. Il existe également des aides sous forme de réductions d'impôts et d'exonérations de charges sociales sur les salaires des prestataires d'aide à la personne. Ces dernières mesures ne concernent pas uniquement les personnes âgées dépendantes. La loi du 7 août 2020 (*cf.* ci-contre) a créé une cinquième branche de la Sécurité sociale pour gérer les dépenses liées à l'autonomie des personnes âgées et handicapées auparavant réparties entre les départements, l'État ou la Sécurité sociale.

Quel coût ?

En 2018, 6 milliards d'euros d'APA ont été versés. 62 % étaient financés par les conseils départementaux et 38 % par l'État *via* les dotations de la Caisse nationale de solidarité pour l'autonomie (CNSA) (Drees, 2020).

Quelques dates

1997 (24 janvier) > création de la prestation spécifique dépendance (PSD) par la loi sur la dépendance.

2002 > entrée en vigueur de la loi sur l'APA, qui remplace la PSD.

2003 > surmortalité parmi les personnes âgées en raison de la canicule.

2004 > création d'une « journée de solidarité » pour alimenter la contribution solidarité autonomie.

2006 > entrée en fonction de la CNSA au 1er janvier.

2007 > lancement du plan Alzheimer 2008-2012.

2008 > réalisation par l'Insee de l'enquête Handicap-Santé.

2012 (17 décembre) > institution de la contribution additionnelle de solidarité pour l'autonomie (CASA).

2014 > lancement du plan Maladies neurodégénératives 2014-2019.

2015 (28 décembre) > promulgation de la loi relative à l'adaptation de la société au vieillissement.

2019 (28 mars) > remise du rapport de la concertation Grand âge et autonomie.

2020 (7 août) > promulgation de la loi organique relative à la dette sociale et à l'autonomie, qui inscrit dans le Code de la sécurité sociale le principe d'une nouvelle branche du régime général dénommée « autonomie » dont la gestion a été confiée à la Caisse nationale de solidarité pour l'autonomie (CNSA).

2022 (17 mars) > remise du rapport de Dominique Libault, qui préconise un rapprochement territorialisé entre les différents acteurs de l'autonomie en vue d'une plus grande efficacité.

Dépendance et situation de handicap : le rôle des aidants

La stratégie nationale de mobilisation et de soutien « Agir pour les aidants » 2020-2022, mise en œuvre par le gouvernement en 2019, a pour objectif d'appuyer l'action des proches aidants (conjoints, enfants notamment), *via* par exemple l'accueil temporaire des personnes en perte d'autonomie.

27 Une offre de logement adéquate ?

37,6 millions de logements

Au 1er janvier 2022, on comptait en France (hors Mayotte) 37,6 millions de logements (+ 55 % par rapport à 1982, alors que la population n'a crû que de quelque 21 % au cours de la même période). 81,9 % étaient des résidences principales, c'est-à-dire occupées de façon régulière et à titre principal par au moins une des personnes du ménage. La part des résidences secondaires ou occasionnelles connaît, depuis plusieurs décennies, une certaine stabilité (9,8 % en janvier 2022 et 9,6 % en 1982), alors que celle des logements vacants tend à remonter (8,3 % en 2022 contre 7,8 % en 1982). 55 % des logements relèvent de l'habitat individuel. En janvier 2022, 57,6 % des ménages étaient propriétaires de leur résidence principale (contre 35 % environ dans les années 1950) et 40 % locataires (quelque 23,1 % dans le secteur locatif privé et 16,9 % dans le secteur social) (Insee, novembre 2022).

De l'exode rural à l'exode urbain

Dans les années d'industrialisation, du XIXe siècle jusque vers 1970, la France a connu un exode rural d'environ 12 millions de personnes.

Depuis 1970, les normes d'habitat appliquées sont devenues plus exigeantes et l'espace dans les zones les plus densément peuplées s'est fait rare. Un déplacement de l'habitat vers des zones de plus en plus éloignées des centres-villes s'en est suivi. L'« exode urbain » a déjà concerné plus de 5 millions de personnes. Il pourrait s'amplifier à la faveur de la crise sanitaire de 2020-2021 et du développement du télétravail.

Un confort globalement meilleur mais qui pose le problème des « passoires thermiques »

Depuis les années 1950-1960, toute une série de mesures (destruction des bidonvilles, nouvelles normes d'habitabilité pour les logements neufs…) ont permis une nette amélioration du niveau de confort des logements. En 2019, seulement 0,9 % des résidences principales en métropole étaient dépourvues d'au moins un élément de confort sanitaire (eau chaude courante, sanitaire), contre environ 15 % en 1984 et plus de 25 % en 1978. Toutefois, on comptait encore 3,9 % de logements ne disposant pas de chauffage central ou électrique et 23,4 % étaient jugés difficiles ou trop coûteux à bien chauffer par leurs occupants en 2019 (Insee, 2021).

Le logement, un secteur économique en demi-teinte

Le logement est un secteur économique important, qui connaît des résultats contrastés : les mises en chantier ont augmenté en 2017 et diminué de 2018 à 2020, puis crû en 2021 ; en revanche, le nombre d'emplois dans la construction, qui n'avait pas augmenté de 2011 à 2017, a progressé en 2018 et 2019, et même en 2020 et 2021 malgré la crise sanitaire (Insee, décembre 2021 et juin 2022).

Le saviez-vous ?

Dans la plupart des États de l'Union européenne, en 2021, le nombre de transactions immobilières a progressé, après avoir enregistré une chute en 2020 (Eurostat, juillet 2022).

28 Droit au logement : un droit effectif ?

Le mal-logement

Selon le rapport 2022 de la Fondation Abbé Pierre, 4,1 millions de personnes sont mal logées en France, dont 100 000 vivent dans des habitations de fortune et 300 000 sont sans domicile. Les ménages sous le seuil de pauvreté consacraient 36,3 % de leurs revenus aux dépenses de logement en 2019 contre 17,6 % (après déduction des aides) pour l'ensemble des ménages.

Des logements sociaux et des aides

Les ménages les moins aisés peuvent avoir accès aux logements locatifs sociaux. En 2021, on comptait quelque 5,2 millions de ces logements en France. De leur côté, les aides au logement ont représenté, en 2021, 38,2 milliards d'euros, dont 20,1 milliards sous forme de prestations sociales (notamment l'aide personnalisée au logement, APL) destinées à couvrir une partie des frais de logement des occupants (5,5 millions de bénéficiaires) et 13,7 milliards en avantages fiscaux (*Rapport du compte du logement 2021*, septembre 2022).

Le droit au logement opposable (Dalo)

La loi du 5 mars 2007 a institué un droit au logement des personnes non ou mal logées, leur permettant d'exiger de l'être, y compris par voie de justice : on parle de droit opposable. Depuis 2008, le nombre de recours progresse : 90 532 en 2020 contre 59 607 en 2008 (1 029 958 au total depuis le 1er janvier 2008). Les décisions favorables sont en très légère hausse (34,8 % en 2020 contre 34,7 % en 2019). Entre 2008 et 2020, 207 399 ménages ont pu accéder à un logement (Haut Comité pour le logement des personnes défavorisées, novembre 2021 et avril 2022).

Quelques dates

1948 > fin du blocage des loyers pour les nouveaux logements afin de relancer la construction ; instauration des allocations de logement.

1949 > création des habitations à loyer modéré (HLM).

1953 > mise en place du « 1 % patronal » (participation à l'effort de construction).

1958 > création des zones à urbaniser par priorité (ZUP).

1965 > création de l'épargne-logement.

1977 > réforme de l'aide au logement (régime des prêts et création de l'aide personnalisée au logement).

1982 > renforcement, par la loi « Quilliot », des droits des locataires et reconnaissance du droit à l'habitat comme un droit fondamental.

1990 > loi « Besson » visant à la mise en œuvre du droit au logement.

2000 > obligation imposée aux communes urbaines, par la loi « SRU » (solidarité et renouvellement urbains), de se doter de 20 % de logements sociaux.

2007 > loi « Dalo » instituant un droit au logement des personnes non ou mal logées.

2014 > loi « Alur » (pour l'accès au logement et un urbanisme rénové).

2018 > loi « Elan » portant évolution du logement, de l'aménagement et du numérique (construire plus, mieux et moins cher et faire évoluer le logement social).

2021 (mars) > protocole en faveur de la relance de la production de 250 000 logements sociaux en 2021 et 2022.

2022 > Encadrement des loyers avec plafond, sur arrêté préfectoral, dans les zones tendues : Lille, Paris, Lyon, Montpellier, Bordeaux…

Pour aller plus loin
sur Vie-publique.fr :

29 | Un système éducatif français complexe ?

Des principes fondamentaux

Le système d'enseignement français est fondé sur cinq grands principes. L'instruction est obligatoire à partir de trois ans. Elle est laïque et gratuite. Les personnels et les élèves sont soumis à une neutralité d'opinion. La liberté de l'enseignement est reconnue aux établissements privés.

Des objectifs

Le préambule de la Constitution de 1946, qui a une valeur constitutionnelle, déclare : « La Nation garantit l'égal accès de l'enfant et de l'adulte à l'instruction, à la formation professionnelle et à la culture. » La loi sur la refondation de l'école du 8 juillet 2013, quant à elle, lui fixe comme mission première, pour tous les niveaux de scolarité, de transmettre les valeurs de la République, de redéfinir les programmes, de développer le numérique éducatif et de revoir la formation des enseignants. Elle fait de l'école primaire une priorité pour améliorer les fondamentaux, prévenir les difficultés scolaires et lutter contre les inégalités. Enfin, la loi pour une école de la confiance, promulguée le 26 juillet 2019, instaure un renforcement de l'obligation d'instruction *via* notamment la scolarisation obligatoire des enfants dès l'âge de trois ans ; elle prévoit aussi une amélioration de la formation des enseignants.

Premier et second degré : un long chemin

<table>
<tr><th>Bac général</th><th>Bac technologique</th><th>Bac pro</th><th>CAP</th><th></th></tr>
<tr><td>Terminale</td><td>Terminale technologique</td><td>Terminale pro</td><td></td><td rowspan="3">ULIS/ UPE2A</td></tr>
<tr><td>Première</td><td>Première technologique</td><td>Première pro</td><td>2de année</td></tr>
<tr><td>Seconde</td><td>Seconde technologique</td><td>Seconde pro</td><td>1re année</td></tr>
<tr><td colspan="5">Diplôme national du brevet (DNB)</td></tr>
<tr><td colspan="3">Troisième</td><td rowspan="4">ULIS / UPE2A</td><td rowspan="4">Sixième à troisième Segpa</td></tr>
<tr><td colspan="3">Quatrième</td></tr>
<tr><td colspan="3">Cinquième</td></tr>
<tr><td colspan="3">Sixième</td></tr>
<tr><td colspan="3">Cours moyen deuxième année</td><td colspan="2" rowspan="5">ULIS / UPE2A</td></tr>
<tr><td colspan="3">Cours moyen première année</td></tr>
<tr><td colspan="3">Cours élémentaire deuxième année</td></tr>
<tr><td colspan="3">Cours élémentaire première année</td></tr>
<tr><td colspan="3">Cours préparatoire</td></tr>
<tr><td>Petite section (3 ans)</td><td colspan="2">Moyenne section</td><td colspan="2">Grande section</td></tr>
</table>

Enseignements adaptés

Source : ministère de l'Éducation nationale, 2022.

L'Éducation nationale en chiffres, en 2021 (primaire et secondaire, public et privé, France métropolitaine + DROM)

Nombre total d'élèves inscrits	12 136 300
Personnels	1 202 856
dont enseignants	*820 408*
Nombre d'écoles, de collèges et de lycées	59 255

Source : Éducation nationale, *Repères et références statistiques (RERS)*, 2022.

Le nombre moyen d'écoliers par classe

Dans le premier degré public, hors éducation prioritaire, le nombre moyen d'élèves par classe est passé de 24,1 en 2015 à 22,9 en 2021 (*RERS*, 2022).

30 Quelles réformes pour l'école ?

Refonder l'école

La loi du 8 juillet 2013 a profondément modifié le système éducatif. Le socle commun de connaissances et les programmes ont été réformés. L'éducation artistique et culturelle a été favorisée et un service public du numérique éducatif, organisé. Se sont ensuivies la réforme du collège en 2015 et la loi pour une école de la confiance du 26 juillet 2019.

De la maternelle au collège

Par cette dernière loi, les missions de l'école maternelle sont redéfinies et, à la rentrée 2019, l'instruction est devenue obligatoire dès trois ans (au lieu de six ans). L'enseignement d'une langue étrangère est obligatoire à partir du cours préparatoire (CP). Le décret du 19 mai 2015 a inauguré une nouvelle organisation du collège à la rentrée 2016 avec plus d'autonomie donnée aux établissements. De nouveaux programmes sont mis en œuvre du CP à la troisième.

Mixité sociale dans les collèges, quelles évolutions ?

La circulaire du ministre de l'Éducation nationale du 7 janvier 2015 vise à favoriser la mixité sociale dans les collèges. Depuis lors, on constate que cette mixité progresse au sein des établissements publics ; en revanche, le secteur privé accueille de plus en plus d'élèves issus de milieux favorisés (DEDP, juillet 2022). Il est prévu notamment, à la rentrée 2022, l'ouverture de nouvelles sections internationales au sein des collèges parmi les plus défavorisés.

La question de la rémunération des enseignants

En 2020, un enseignant de l'Éducation nationale percevait en moyenne 2 530 euros nets par mois. Un rapport sénatorial (n° 649) du 8 juin 2022 fait état de « rémunérations des enseignants français largement inférieures à la moyenne européenne ». La rémunération des enseignants français serait de 7 % inférieure à la moyenne des pays de l'OCDE. Le 3 octobre, se sont ouvertes des négociations sur la rémunération des enseignants, peu après que Emmanuel Macron a promis qu'« aucun professeur ne commencera sa carrière à moins de 2 000 euros nets à compter de la rentrée 2023 ».

Réforme du lycée et accès à l'enseignement supérieur

L'Inspection générale de l'éducation, du sport et de la recherche, dans un rapport de janvier 2022, analyse les vœux et les affectations dans l'enseignement supérieur des bacheliers 2021, soit la première génération issue de la réforme du lycée. Elle souligne le fait que « l'importance du choix donné à l'élève [*via* Parcoursup] dans la construction de son parcours constitue un élément fort de continuité entre la réforme du baccalauréat général et la procédure d'affectation dans l'enseignement supérieur », mais pointe des améliorations nécessaires, dont un renforcement de la synergie entre lycées et établissements d'enseignement supérieur.

L'obligation de formation des jeunes

Le décret du 5 août 2020, n° 2020-978 relatif à l'obligation de formation des jeunes de 16 à 18 ans, impose, à compter de la rentrée scolaire suivante, l'obligation de former les mineurs qui ne sont ni en études, ni en formation, ni en emploi. Toute personne âgée de 16 à 18 ans devra désormais être dans une des situations suivantes : employé, en service civique, dans un parcours d'accompagnement ou d'insertion sociale et professionnelle, dans un cursus scolaire ou en apprentissage.

31 | Vers un changement de modèle éducatif ?

De nombreuses évolutions depuis 60 ans

Sous l'effet de la démocratisation du système éducatif, on est passé de 1,45 million de collégiens en 1960-1961 à 3,41 millions en 2021. La proportion de bacheliers dans une génération est passée de 3 % en 1945 à 79,2 % en 2022 (DEPP, juillet 2022). La durée des études s'est allongée de presque deux ans en 25 ans, principalement dans l'enseignement supérieur. Les programmes et les méthodes d'enseignement ont changé. De nouveaux outils d'évaluation et les technologies de l'information et de la communication ont fait leur entrée.

Plus d'autonomie : mutation ou révolution ?

L'idée directrice guidant les changements récents est l'autonomie des établissements. Pour certains, elle est le fruit d'une mutation de long terme en cours depuis les années 1980, notamment avec la mise en place de l'éducation prioritaire et d'une marge de manœuvre plus importante pour les établissements. Pour d'autres, en favorisant l'autonomie, les établissements développeraient ainsi leur propre projet pédagogique, ce qui les différencierait fortement. Le rôle des chefs d'établissement pourrait en être accru.

L'évaluation en question

Les notes sont souvent le seul outil d'évaluation des élèves. Pourtant, leur usage, dès l'école élémentaire, fait débat : elles décourageraient souvent plus qu'elles ne motiveraient les élèves, notamment les plus fragiles. Dans le cadre de la mise en œuvre de la réforme du baccalauréat, la part du contrôle continu dans la note finale s'est établie à 40 % en 2022.

Apprentissage : un boom historique

La loi du 5 septembre 2018 pour la liberté de choisir son avenir professionnel (qui comporte un important volet relatif à l'apprentissage, dont le report de l'âge limite d'inscription de 24 à 29 ans révolus) et le plan « 1 jeune, 1 solution » (prévoyant une aide exceptionnelle au recrutement des apprentis, pour tous les contrats conclus entre le 1er juillet 2020 et le 30 juin 2022, période prolongée jusqu'au 31 décembre 2022) ont donné une forte impulsion à l'apprentissage : en 2021, le nombre de contrats conclus s'établirait à 732 000, soit + 39 % après + 42 % en 2020 (Dares, mai 2022).

Démocratisation au sein du système éducatif

En 2021, 91,7 % des enfants d'ouvriers ont obtenu le baccalauréat, contre 83,3 % à l'issue de la session 2009. Toutefois, l'écart avec les enfants de cadres et de membres des professions intellectuelles supérieures (98 %) reste important (*RERS*, 2022).

Europe : la promotion de l'éducation numérique

Le Plan d'action en matière d'éducation numérique 2021-2027 de l'Union européenne vise à favoriser le développement d'un écosystème d'éducation numérique hautement performant et à renforcer les aptitudes et les compétences pour la transformation numérique.

La lecture, grande cause nationale en 2021-2022

En juin 2021, le président Emmanuel Macron annonçait que la lecture constituerait une « grande cause nationale de l'été 2021 à l'été 2022 », ce qui a donné lieu à un certain nombre d'initiatives comme le quart d'heure de lecture national ou différents prix ou rencontres avec des auteurs partout sur le territoire. 20 % des élèves maîtrisent mal les savoirs fondamentaux à la sortie de l'école primaire.

32 Des universités réformées et plus autonomes ?

L'autonomie généralisée

La loi du 10 août 2007 relative aux libertés et responsabilités des universités (LRU) répond à deux objectifs : rendre l'université française plus compétitive au niveau mondial et améliorer l'insertion des étudiants sur le marché du travail. La loi du 22 juillet 2013 lui a apporté des modifications, sans remettre en cause ses principes fondamentaux.

Une gouvernance transformée

La loi LRU a approfondi l'autonomie des universités et réformé leur gouvernance. Elle a accordé notamment plus de pouvoirs qu'auparavant à leurs présidents. Les universités gèrent désormais leur budget et leurs ressources humaines. Elles peuvent recruter des contractuels, attribuer des primes. La loi de juillet 2013 a cependant limité les prérogatives des présidents et renforcé le rôle des personnalités extérieures au sein de conseils d'administration élargis.

Du côté des étudiants

La loi du 8 mars 2018 réforme l'accès au premier cycle d'études universitaires. Les futurs étudiants formulent dix vœux non hiérarchisés *via* la plateforme Parcoursup. Dans les filières en tension (plus de demandes que de places), les universités peuvent classer les candidats, notamment en fonction de leurs résultats. Par ailleurs, la loi du 24 décembre 2020 de programmation de la recherche (LPR) pour les années 2021 à 2030 prévoit des mesures visant à diversifier le recrutement des étudiants afin d'assurer davantage de mixité sociale et géographique.

L'enseignement supérieur en chiffres en 2021-2022 (France métropolitaine et DROM)

Budget (crédits votés pour 2022) : 24,8 milliards d'euros

Nombre d'universités : 71

Nombre d'étudiants inscrits : 2 969 000 (+ 2,5% sur un an) :
- **1 657 000 en universités**
- **409 000 en sections de techniciens supérieurs (STS) (y compris apprentis)**
- **145 000 en formations d'ingénieurs hors universités**
- **115 000 en instituts universitaires de technologie (IUT)**
- **83 000 en classes préparatoires aux grandes écoles (CPGE)**

Nombre d'enseignants (secteur public) : 91 706 (2020-2021)

Source principale : ministère de l'Éducation nationale, *RERS*, 2022.

Un enseignement supérieur disparate

En France, l'enseignement supérieur est dispensé dans des structures très diverses : universités, grandes écoles, classes préparatoires, etc. Des disparités existent entre elles, à la fois en termes de capacité d'insertion professionnelle des étudiants et de coût. En 2020, la dépense annuelle pour un étudiant du supérieur était, en moyenne, de 11 580 euros. Elle s'élevait à 15 730 euros en CPGE (classes préparatoires aux grandes écoles) et à 14 220 euros en STS (sections de techniciens supérieurs) ; elle était de 10 440 euros pour un étudiant à l'université (*RERS*, 2022).

Le saviez-vous ?

Entre 2021 et 2029, les départs définitifs (dont à la retraite) d'enseignants-chercheurs du supérieur s'accroîtraient de 53 %, notamment en sciences (+ 97 %) (SIES, juillet 2022).

33 Les universités, un rôle clé dans la compétitivité de la France ?

Renforcer l'efficacité, l'attractivité et la visibilité

La loi ESR du 22 juillet 2013 encourage le rapprochement entre universités, grandes écoles et organismes de recherche par la création de « communautés d'universités et établissements » (COMUE). Au 1er janvier 2022, on comptait huit COMUE, six associations d'établissements et quatorze établissements expérimentaux (*RERS*, 2022).

Des moyens massifs en faveur de la recherche

La loi de programmation pour la recherche du 24 décembre 2020 prévoit un effort supplémentaire de 25 milliards d'euros afin de parvenir à un taux d'au moins 3 % du PIB consacré à la recherche et développement (contre 2,3 % en 2020). L'enjeu principal est le maintien de la France parmi les grandes nations scientifiques. En particulier, cette loi inaugure une « politique inédite en faveur de l'attractivité des métiers de la recherche, structurée autour d'une revalorisation de tous ses métiers, d'une plus grande mobilité et de perspectives de carrière élargies ».

L'université à l'heure des MOOC

La France rattrape son retard en matière d'enseignement numérique grâce au développement des Massive Open Online Courses (MOOC), qui permettent un accès élargi aux savoirs. France Université Numérique (FUN), groupement d'intérêt public, créée et cofinancée par le ministère de l'Enseignement supérieur et de la Recherche en 2013, recensait près de 11 millions d'inscriptions à des sessions de MOOC sur son site en mars 2021.

Financement et performance des universités

Le financement des universités françaises, d'origine essentiellement publique (78,3 % en 2018 selon l'OCDE), consiste, pour environ les trois quarts, en une subvention pour charge de service public, à laquelle s'ajoute, depuis une décennie, la montée en charge de financements dits « compétitifs » (dont les programmes d'investissement d'avenir). Or, d'après une note de la Cour des comptes d'octobre 2021, cette subvention est « presque entièrement consacrée à la masse salariale. Il en résulte que les universités ont des marges de manœuvre très réduites, voire parfois inexistantes, pour subvenir à leurs besoins de fonctionnement ou d'investissement, qu'il s'agisse de dépenses immobilières, de formation ou d'infrastructures informatiques ».

Attirer les étudiants internationaux : la France en perte de vitesse

En 2020-2021, la France a accueilli 364 756 étudiants étrangers. Alors qu'elle était le troisième pays d'accueil en 2011, elle est passée au 7e rang en 2019, derrière les États-Unis, l'Australie, le Royaume-Uni, l'Allemagne, la Russie et le Canada. Le nombre d'étudiants étrangers a néanmoins fortement progressé depuis le début des années 1990 : + 101 % entre 1990 et 2016 et + 18 % entre 2015 et 2020 (Campus France, juin 2022).

Le « classement de Shanghai »

Dans l'édition 2022 du « classement académique des universités mondiales », qui fait référence depuis 2003, la France se trouve à la même place qu'en 2021, avec quatre établissements dont le premier, l'université Paris-Saclay, se classe 3e européen et 16e mondial.

34 Comment se former tout au long de sa vie professionnelle ?

La formation pour les actifs

La formation continue permet d'acquérir ou d'améliorer des connaissances professionnelles. Elle se distingue de la formation initiale, reçue au cours d'un premier cycle d'études. Elle est destinée à toute personne engagée dans la vie active. C'est une obligation légale depuis 1971.
La loi du 5 mars 2014 relative à la formation professionnelle, à l'emploi et à la démocratie sociale a créé un compte personnel de formation (CPF), qui a ensuite été intégré dans le compte personnel d'activité (formation, pénibilité…) instauré par la loi du 8 août 2016 relative au travail, à la modernisation du dialogue social et à la sécurisation des parcours professionnels. La loi du 5 septembre 2018 pour la liberté de choisir son avenir professionnel prévoit notamment une palette plus large de formations éligibles au titre du CPF et la conversion de celui-ci en euros.

La validation des acquis de l'expérience (VAE)

Instituée en 2002, la VAE permet à tout actif de faire valider les acquis de son expérience, notamment professionnelle. Elle constitue un moyen pour obtenir un diplôme ou un certificat, sans suivre de formation. En 2020, 18 286 diplômes ont été délivrés selon cette procédure.

La pluralité des formations

Autoformation, formations organisées par l'entreprise, reprise d'études : l'offre est élaborée et proposée par l'État, les régions, les partenaires sociaux et les entreprises. Elle est dispensée dans de nombreuses structures (Greta, Afpa, Cnam…) et sous des formes variées, du stage présentiel au *e-learning*.

La formation continue « chapeautée » par une autorité publique depuis 2019

Prévue par la loi du 5 septembre 2018, la création de France Compétences est effective depuis le 1er janvier 2019. Cet établissement public à caractère administratif doté de la personnalité morale et de l'autonomie financière, placé sous la tutelle du ministère chargé de la formation professionnelle, a pour missions d'assurer le financement, la régulation, le contrôle et l'évaluation du système de la formation professionnelle et de l'apprentissage en France.

Dépenses et financement de la formation continue

En 2020, les dépenses de formation continue et d'apprentissage s'élevaient à 19,9 milliards d'euros, en recul de 2,4 % par rapport à l'année précédente. Les entreprises sont les principaux financeurs à hauteur de 34,1 % de la dépense totale (hors dépenses directes des entreprises), suivies par les régions (19,3 %) et l'État, dont la dépense (17,4 %) progresse de 6,4 % par rapport à 2019. Les principaux bénéficiaires sont les demandeurs d'emploi (34,9 % des dépenses en 2020), puis les jeunes (33,2 %) et les actifs du secteur privé ayant un emploi (23,3 %) (annexe au projet de loi de finances pour 2022, jaune budgétaire « Formation professionnelle »).

Le saviez-vous ?

Le nombre de demandeurs d'emploi ayant suivi une formation est passé de 597 000 en 2017 à 741 000 en 2020 (Dares, août 2022).

35 La laïcité au défi du pluralisme ?

Une diversité religieuse plus forte qu'en 1905

En 2018, 19,9 millions de Français (29,8 %) se sentaient « liés au catholicisme ». L'islam, avec environ 4,1 millions de fidèles (6,1 %), est la deuxième religion (Observatoire de la laïcité, 2019).

Des questions à résoudre

Dans ce contexte, et après les attentats islamistes commis depuis 2015, de nombreuses questions se posent autour de la laïcité, comme celle du financement de la construction de mosquées – depuis 1905, l'État ne finance plus l'édification de lieux de culte. Le port de vêtements manifestant une appartenance religieuse est prohibé dans les établissements scolaires publics en application du principe de laïcité (loi du 15 mars 2004). La loi du 11 octobre 2010 a interdit la dissimulation du visage dans l'espace public au motif de protection de l'ordre public, tout en veillant au respect de la liberté religieuse. Le 21 juin 2022, le Conseil d'État a confirmé la suspension du règlement intérieur des piscines de la ville de Grenoble autorisant le port du « *burkini* ». Le nouveau Comité interministériel de la laïcité, créé par décret le 4 juin 2021, remplace l'Observatoire de la laïcité (installé en avril 2013). La loi du 24 août 2021 confortant le respect des principes de la République prévoit entre autres des mesures visant à renforcer la laïcité et la neutralité des services publics, avec, par exemple, la nomination d'un référent laïcité dans chaque administration en 2022 et le déféré laïcité. Cette procédure permet aux préfets de demander la suspension de l'exécution de l'acte d'une collectivité qui porterait « gravement atteinte aux principes de laïcité et de neutralité des services publics ».

Qu'est-ce que la laïcité ?

C'est à la fois un idéal politique et un dispositif juridique fondés sur la séparation entre l'espace public et le religieux (sphère privée). La laïcité repose sur trois valeurs :

- le respect de la liberté de conscience, qui inclut la liberté religieuse : l'État garantit le libre exercice du culte ;
- l'égalité de traitement de tous les citoyens, ce qui implique la neutralité de l'État. Ainsi, la République ne reconnaît, ne salarie, ni ne finance aucun culte ;
- la poursuite de l'intérêt général et le maintien de la cohésion sociale.

Quelques dates

1789-1792 > reconnaissance de la liberté de conscience par la Déclaration des droits de l'homme et du citoyen ; laïcisation de l'état civil ; mariages civil et religieux sont dissociés.

1879-1884 > adoption d'une législation laïcisant le pays ; suppression de l'obligation du repos dominical, du serment religieux devant les tribunaux, école publique gratuite également laïque et obligatoire, etc.

1905 > loi de séparation des Églises et de l'État.

1946 > inscription de la laïcité dans le préambule de la Constitution.

1958 > la France est une République laïque (art. 1er de la Constitution).

2021 (juin) > le Comité interministériel de la laïcité remplace l'Observatoire de la laïcité.

2021 (24 août) > loi confortant le respect des principes de la République.

Le saviez-vous ?

En 2020, 7 Français sur 10 se déclarent attachés à la laïcité (étude Viavoice pour l'Observatoire de la laïcité, janvier 2021). Une majorité de Français, y compris de parents d'élèves, considère qu'« on n'enseigne pas assez » la laïcité (59 %) et les faits religieux à l'école (34 %).

36 | L'école républicaine, la laïcité menacée ?

La laïcité à l'épreuve

L'école publique a toujours été au cœur du combat pour la laïcité. Le financement des établissements privés sous contrat par des fonds publics a longtemps focalisé le débat. Mais, depuis les années 1990, l'école, comme d'autres services publics, est confrontée à des revendications liées aux convictions ou pratiques religieuses. Cela va du menu des cantines à la mixité des activités sportives, du port de signes d'appartenance religieuse à la contestation de certains enseignements tels la biologie, l'histoire ou la liberté d'expression, comme en témoigne les faits ayant conduit à l'assassinat du professeur Samuel Paty, en octobre 2020.

Ferme sur les principes, souple dans la pratique

Le port de signes religieux ostensibles à l'école publique est encadré par la loi du 15 mars 2004. Mais les réponses apportées peuvent faire preuve de tolérance. Ainsi, le Conseil d'État a estimé, dans un avis du 23 décembre 2013, que les mères voilées accompagnant des sorties scolaires ne sont pas des agents publics et ne doivent pas être soumises au principe de neutralité religieuse. Certaines cantines proposent de longue date aux élèves musulmans ou juifs qui le souhaitent des substituts au porc. Dans son rapport de mars 2013, le Défenseur des droits soulignait cependant qu'il n'y avait aucune obligation à proposer des menus différenciés. De son côté, la Cour de justice de l'Union européenne a estimé, dans un arrêt du 15 juillet 2021, que le fait d'interdire le port d'un signe religieux visible sur son lieu de travail n'était pas discriminatoire tant qu'il incluait toutes les confessions.

Quelques dates

1882 (28 mars) > loi instituant l'école publique gratuite, laïque et obligatoire.

1886 (30 octobre) > loi interdisant aux membres d'un ordre religieux d'enseigner à l'école publique.

1959 (31 décembre) > loi Debré organisant les rapports entre l'État et les établissements privés.

2004 (15 mars) > loi encadrant le port de signes ou de tenues manifestant une appartenance religieuse dans les écoles, collèges et lycées publics.

2013 (septembre) > affichage d'une Charte de la laïcité (15 articles) dans tous les établissements scolaires.

2019 (septembre) > parution du *vade-mecum* « La laïcité à l'école », référentiel de situations pour les équipes académiques et les établissements scolaires publics, mis à jour en juillet 2021.

Le voile à l'école : du cas par cas à l'interdiction par la loi

Au tournant des années 1990, les premières affaires dites du « foulard islamique » éclatent à la suite du refus de jeunes filles d'ôter leur voile en classe. Les avis du Conseil d'État des 27 novembre 1989 et 2 novembre 1992 incitent à rechercher des solutions au cas par cas. En septembre 1994, la circulaire Bayrou interdit le port ostentatoire de signes religieux par les élèves. En 2004, une étape supplémentaire est franchie avec l'interdiction par la loi du port de ces signes, dont le voile, la kippa, le turban sikh ou les grands crucifix.

Les atteintes à la laïcité dans les établissements scolaires

De décembre 2021 à mars 2022, 627 signalements d'atteinte au principe de laïcité ont été effectués par les établissements scolaires français, dont 50 % par des collèges. 22 % concernaient les ports de signes et tenues (hausse de 7 points) et 13 % le prosélytisme. Les contestations d'enseignement (10 %) et les provocations verbales sont en baisse (ministère de l'Éducation nationale, de la Jeunesse et des Sports, juin 2022).

37 | Qui sont les immigrés en France ?

10,3 % de la population française

En 2021, la France comptait 7 millions d'immigrés, soit 10,3 % de la population (Insee). Les femmes sont majoritaires (52 %). L'immigration familiale a succédé après 1974 à l'immigration de travail à majorité masculine, ce qui explique en partie cette féminisation. Mais de plus en plus de femmes migrent seules, pour travailler ou faire des études. En 2021, 16 819 étrangers en situation irrégulière ont quitté le territoire français. Le total des éloignements d'étrangers en situation irrégulière est en légère hausse par rapport à 2020 (13 403 éloignements, soit plus 8,2 % par rapport à 2020).

Immigré, étranger, sans-papiers…

Un immigré est né à l'étranger de parents étrangers et réside en France. Il peut être français (par acquisition de la nationalité) ou étranger. Un étranger (personne résidant en France sans avoir la nationalité française) n'est pas un immigré s'il est né en France. Un immigré clandestin est entré en France illégalement. Un immigré irrégulier n'est pas reparti à l'expiration d'un visa, à la suite du refus de délivrance ou de renouvellement d'un titre de séjour, ou après le rejet d'une demande d'asile.

Les raisons de migrer

Le regroupement familial permet à une famille de rejoindre un étranger régulièrement établi en France. Ce n'est qu'une part de l'immigration familiale qui représente 85 844 personnes en 2021. Les autres admis sont des étudiants (87 694), des travailleurs (36 095) et les personnes entrées sur le territoire pour motifs humanitaires (39 660) (ministère de l'Intérieur, chiffres 2021, publiés le 20 juin 2022).

Français, immigrés et étrangers en 2020

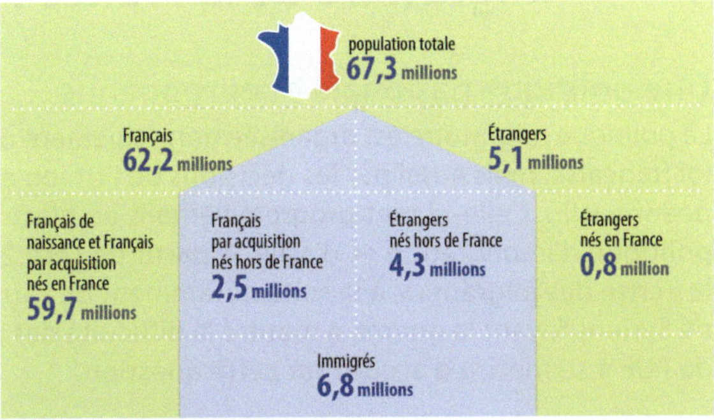

Source : Insee, *Recensement de la population 2020.*

Part des immigrés dans les régions et principaux pays d'origine, en 2019

Implantation	Part (en %)	Principales origines
Île-de-France	19,2	Algérie, Maroc, Portugal
Provence-Alpes-Côte d'Azur	10,6	Algérie, Maroc, Tunisie
Corse	10,1	Maroc, Portugal, Italie
Auvergne-Rhône-Alpes	9,4	Algérie, Portugal, Maroc
Grand Est	8,9	Algérie, Maroc, Turquie
Occitanie	8,7	Maroc, Espagne, Algérie
Centre-Val de Loire	6,9	Portugal, Maroc, Algérie
Bourgogne-Franche-Comté	6,8	Maroc, Portugal, Algérie
Nouvelle-Aquitaine	6,2	Portugal, Maroc, Royaume-Uni
Hauts-de-France	5,4	Algérie, Maroc, Portugal
Normandie	4,2	Algérie, Maroc, Portugal
Pays de la Loire	3,8	Maroc, Algérie, Portugal
Bretagne	3,5	Royaume-Uni, Maroc, Portugal
France métropolitaine	9,4	Algérie, Maroc, Portugal

Source : ministère de l'Intérieur, *Les chiffres clés de l'immigration*, 2019.

38 Quelle est la politique migratoire de la France ?

Une politique nationale et européenne

La politique migratoire est organisée non seulement par la loi française, mais aussi par les décisions de l'Union européenne (UE). Celle-ci met progressivement en place une politique d'immigration et d'asile. À partir de l'été 2015, la « crise des migrants », à la suite notamment de l'arrivée de Syriens fuyant la guerre, a montré la difficulté des pays de l'UE à se mettre d'accord sur cette question.

De l'ouverture à la restriction…

Des années 1950 aux années 1970, la France a encouragé une immigration économique car ses besoins en main-d'œuvre étaient alors importants. À partir de 1974, la crise a incité l'État à instaurer un contrôle des entrées sur le territoire. Depuis, la maîtrise des flux est un objectif continuellement réaffirmé. Les restrictions de circulation aux frontières mises en œuvre en 2020 pour lutter contre l'épidémie de la Covid-19 devraient contribuer à amplifier cette tendance.

… et à l'immigration « choisie »

L'immigration « choisie » a été mise en place par la loi du 24 juillet 2006 relative à l'immigration et à l'intégration. Elle consiste à ne laisser entrer que les migrants considérés comme nécessaires à l'économie du pays. Une liste de métiers ouverts aux étrangers non européens a été établie. La loi pour une immigration maîtrisée, un droit d'asile effectif et une intégration réussie du 10 septembre 2018 vise à réduire les délais d'instruction de la demande d'asile, à renforcer la lutte contre l'immigration irrégulière et à améliorer l'accueil des étrangers admis au séjour pour leurs compétences et leurs talents.

Évolution de la population immigrée en France (1920-2021)

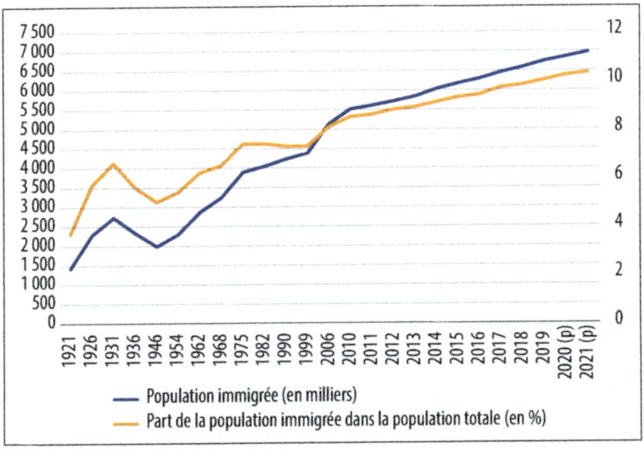

Source : Insee, recensements de la population et estimations de population.

La situation migratoire dans l'Union européenne à 27 en 2020

Selon Eurostat, au 1er janvier 2020, l'UE comptait 5,1 % de citoyens non européens ; 2,7 millions de personnes ont immigré dans l'UE et 1,2 million ont émigré. Environ 1,9 million de premiers titres de séjour ont été délivrés contre 3 millions en 2019, en raison des restrictions de déplacement liées au contexte sanitaire. 472 000 demandes d'asile ont été déposées dans l'UE, soit une diminution de 32 % par rapport à 2019. Les 2,9 millions de demandes de visa de court séjour (0,4 million ont été refusées) émanent de Russie (654 000), de Turquie (229 000), de Chine (209 000), du Maroc (180 000).

39 | Quelle intégration des immigrés en France ?

Une intégration à l'œuvre…

Les enfants d'immigrés sont plus diplômés que leurs parents. Une majorité de descendants d'immigrés vivent en couple avec un non-immigré. En outre, le taux de fécondité des femmes descendantes d'immigrés et celui des femmes non immigrées sont comparables (Insee).

… mais des difficultés économiques et sociales…

Une partie des 7,6 millions de descendants d'immigrés nés en France (chiffre Insee, 2020) réside dans des quartiers défavorisés concentrant les difficultés économiques et sociales : échec scolaire, chômage élevé, délinquance… Le racisme, les discriminations au logement et à l'embauche renforcent ces inégalités. Ainsi, en 2021, le taux de chômage des immigrés était nettement supérieur à celui des non-immigrés (12 % chez les hommes, 14 % chez les femmes) (Insee). Néanmoins, la proportion d'hommes occupant un emploi est identique chez les immigrés et chez les non-immigrés (70 %).

Un modèle français ?

La France ne reconnaît pas légalement les communautés (ethniques, culturelles…). Ses politiques ne peuvent donc pas cibler une communauté spécifique, contrairement aux pays anglo-saxons. Le modèle français repose sur le respect des valeurs républicaines. Les lois sur le port des signes religieux ostensibles (2004) et sur la dissimulation du visage dans les lieux publics (2010) en sont des exemples.

Le contrat d'intégration républicaine (CIR) obligatoire

Créé par la loi du 7 mars 2016 relative aux droits des étrangers, le CIR s'est substitué en juillet 2016 au contrat d'accueil et d'intégration en vigueur depuis 2007. Les étrangers admis pour la première fois au séjour en France et souhaitant s'y installer durablement doivent le signer, sauf cas particuliers. Il comprend depuis 2019 de 100 à 400 heures de cours de langue notamment en Français selon les besoins du nouvel arrivant et quatre journées de formation civique.

Quelques conditions d'accès à la nationalité française

Un enfant né en France de parents étrangers et ayant résidé en France au moins cinq ans devient français à 18 ans (ou à partir de 13 ans sous conditions). Si un de ses parents, quelle que soit sa nationalité, est né en France, alors cet enfant est Français de naissance.

Tout étranger ayant au moins cinq ans de résidence en France peut obtenir la nationalité française par naturalisation, s'il atteste de son « assimilation à la communauté française » (régularité du séjour, insertion professionnelle, liens familiaux, absence de condamnations pénales…).

Tout étranger peut devenir Français par mariage sous conditions.

Le taux de « déclassement » : un indicateur d'intégration

Le « taux de déclassement » des immigrés diplômés du supérieur est un indicateur innovant créé par l'OCDE qui considère qu'un individu est déclassé lorsque son niveau initial d'éducation est supérieur au niveau de qualification théoriquement requis pour l'emploi occupé. 28 % sont relégués dans des emplois de qualification moyenne ou faible s'ils ont acquis leur diplôme sur place, 42 % s'ils l'ont acquis à l'étranger (OCDE, *Les indicateurs de l'intégration des immigrés*, 2019).

40 | Où en est la parité en politique ?

Les femmes toujours en minorité…

Même si la parité a progressé sous la Ve République, les femmes sont encore minoritaires parmi les élus de la République : 19,8 % des maires au 1er janvier 2021 ; 37,3 % des députés en 2022 ; Élisabeth Borne est la deuxième femme nommée Premier ministre en mai 2022 (après Édith Cresson en mai 1991).

… en dépit de nets progrès

Dans les années 1990 est mise en œuvre une volonté d'atteindre la parité. Celle-ci aboutit à l'adoption de la révision constitutionnelle de 1999 puis au vote de la loi du 6 juin 2000 sur la parité en politique. Le nombre des femmes élues dans les conseils municipaux, départementaux et surtout régionaux progresse alors notablement. Lors des élections municipales de 2014, le scrutin de liste avec obligation de parité s'est appliqué pour la première fois dans les communes de 1 000 habitants et plus ; la part des femmes parmi les conseillers municipaux est passée de 40,3 % en 2014 à 42,4 % en 2020. Lors des élections départementales de 2015, les candidats se sont présentés en « binômes » composés d'une femme et d'un homme ; au 1er janvier 2021, 50,3 % des conseillers départementaux étaient des femmes (DGCL, 2021).

Le poids des mentalités

L'Assemblée nationale, le Sénat et les exécutifs locaux restent des lieux de pouvoir majoritairement masculins. Ainsi, à l'issue des élections de juin 2021, on comptait seulement 31,6 % de présidentes de conseils régionaux. En juin 2022, une femme a été élue présidente de l'Assemblée nationale, ce qui constitue une première.

Avant/après les lois de parité

Proportion de femmes élues (en %) (1995-2022)

Assemblée nationale	**1997**	**2022**	Conseils municipaux	**1995**	**2021**
	10,9	37,3		21,7	42,4
Sénat	**1998**	**2017**	Conseils généraux puis départementaux	**1998**	**2021**
	5,9	35,1		9,6	50
Parlement européen	**1999**	**2019**	Conseils régionaux	**1998**	**2021**
	30	39,5		27,1	48,6

Sources : ministère de l'Intérieur, Sénat, Observatoire des inégalités, DGCL.

Les avancées législatives

La loi constitutionnelle du 8 juillet 1999 consacre l'égal accès des femmes et des hommes aux mandats électoraux et aux fonctions électives. La révision constitutionnelle de juillet 2008 étend son application aux « responsabilités professionnelles et sociales ». La loi du 6 juin 2000 prévoit des sanctions financières à l'encontre des partis politiques ne respectant pas les règles de parité aux élections législatives. La loi du 31 janvier 2007 tendant à promouvoir l'égal accès des femmes et des hommes aux mandats électoraux et fonctions électives et celle du 26 février 2008 facilitant l'égal accès des femmes et des hommes au mandat de conseiller général augmentent les sanctions et imposent une obligation de parité dans les exécutifs locaux. La loi du 17 mai 2013 renforce encore les obligations en matière de parité. La loi du 4 août 2014 double les pénalités financières à l'égard des partis ne respectant pas la parité aux législatives. La loi du 27 décembre 2019 prévoit que le Code électoral sera modifié afin d'étendre l'égal accès des femmes et des hommes aux fonctions électives au sein des communes et de leurs groupements. Une proposition de loi visant à renforcer la parité dans les fonctions électives et exécutives du bloc communal a été adoptée en première lecture à l'Assemblée nationale ; elle n'a pas avancé au Sénat depuis février 2022.

Le saviez-vous ?

En juin 1936, pour la première fois dans l'histoire politique française, trois femmes ont fait partie d'un gouvernement, en tant que sous-secrétaires d'État : Cécile Brunschvicg, Suzanne Lacore et Irène Joliot-Curie.

41 Femmes, hommes, tous égaux au travail ?

Des filles plus studieuses mais…

Les femmes (48,9 % de la population active en 2021 contre seulement 34 % en 1962, selon l'Insee) rencontrent plus de difficultés que les hommes dans leur vie professionnelle, en matière de promotion, par exemple. Pourtant, les filles réussissent mieux dans leurs études que les garçons : 95,7 % reçues au bac en 2021 contre 92,1 % pour les garçons (ministère de l'Éducation nationale).

… à diplôme égal, carrière inégale…

Si la parité progresse, elle est encore loin d'être atteinte dans les postes à responsabilité. Ainsi, en 2020, les femmes représentaient 42,7 % de l'ensemble des cadres et professions intellectuelles supérieures mais 74,9 % des employés. Par ailleurs, en 2020, elles occupaient plus souvent des emplois à temps partiel (27,4 % contre 8,4 %) et leur taux de chômage (8 %) était équivalent à celui des hommes (8,1 %) (Insee, enquête emploi, 2021).

… et à temps de travail égal, salaire inégal

Malgré la législation mise en place, les écarts de rémunération entre les femmes et les hommes persistent. En 2018, dans les entreprises privées et publiques, les femmes percevaient en moyenne un salaire net en équivalent temps plein inférieur de 16,8 % à celui des hommes contre 21,8 % en 2008. Dans la fonction publique d'État, à caractéristiques identiques, c'est 3,1 % en 2019 ; dans la fonction publique territoriale, 5 % ; dans la fonction publique hospitalière, 3,6 % (Insee, 2020 et 2021).

Les femmes au travail en quelques dates

1907 > les femmes mariées disposent librement de leur salaire.

1919 > les institutrices sont payées au même niveau que les instituteurs.

1920 > les femmes peuvent se syndiquer sans l'autorisation de leur mari.

1946 > l'égalité entre les femmes et les hommes dans tous les domaines est inscrite dans le préambule de la Constitution.

1965 > les femmes mariées peuvent travailler sans le consentement de leur mari.

1983 (13 juillet) > loi « Roudy » sur l'égalité professionnelle entre les femmes et les hommes.

2011 > loi instaurant progressivement des quotas pour la féminisation des instances dirigeantes des grandes entreprises.

2012 (12 mars) > la loi « Sauvadet » fixe des objectifs d'égalité professionnelle dans la fonction publique (quotas progressifs).

2014 > un congé parental partagé est instauré et la parité dans les conseils d'administration des entreprises est renforcée.

2020 (14 décembre) > la loi de financement de la Sécurité sociale (PLFSS) pour 2021 prévoit le doublement (de 14 à 28 jours) de la durée du congé paternité à compter du 1er juillet 2021.

2021 (24 décembre) > loi visant à accélérer l'égalité économique et professionnelle (quota de 40 % de femmes aux postes de direction des grandes entreprises).

2021 > loi autorisant la ratification de la Convention nº 190 de l'Organisation internationale du travail relative à l'élimination de la violence et du harcèlement dans le monde du travail.

Les écarts de salaire selon le sexe en Europe

En 2019, au sein de l'UE à 27, l'écart de rémunération entre les femmes et les hommes s'établissait en moyenne à 14,1 %. Il était le plus faible au Luxembourg (1,3 %), en Roumanie (3,3 %), en Italie (4,7 %) et en Belgique (5,8 %) et le plus élevé en Estonie (21,7 %), en Lettonie (21,2 %), en Autriche (19,9 %) et en Allemagne (19,2 %), la France se situant à 16,5 % (Eurostat, 2021).

42 | Une justice pénale réformée ?

Insécurité : une tendance à la hausse

La justice pénale reconnaît trois catégories d'infractions classées selon leur degré croissant de gravité : les contraventions, les délits et les crimes. En 2021, on constate la hausse des homicides et des coups et blessures volontaires, notamment dans le cadre intrafamilial (ministère de l'Intérieur). Les atteintes aux biens et les cambriolages sont stables ou en baisse et les escroqueries en forte progression (plus de 15 %).

Des infractions qui évoluent

Les condamnations pour infraction à la sécurité routière, stables depuis 2015, montrent une baisse constante des condamnations pour conduite en état alcoolique depuis 2007. Les mises en cause pour usage (plus de 37 %) et trafic de stupéfiants (plus de 30 % dans 20 départements) sont en forte augmentation en 2021.

Les violences sexuelles ont très fortement augmenté (+ 33 %) en 2021 et donnent lieu à davantage de dépôts de plainte et de condamnations (75 800 faits de viols, tentatives de viol et agressions sexuelles en 2021).

Et un plus large éventail de peines

La loi du 22 décembre 2021 pour la confiance dans l'institution judiciaire améliore la libération sous contrainte instituée par la loi du 23 mars 2019 pour les peines de moins de deux ans. Elle devient automatique à trois mois de la fin de la peine (sauf exceptions). Les crédits automatiques de réduction de peine institués en 2004 sont supprimés. À la place, les juges de l'application des peines pourront octroyer jusqu'à six mois de réduction de peine par an aux condamnés (hors terrorisme).

Des prisons

On distingue deux grandes catégories de prisons : les maisons d'arrêt, qui accueillent les prévenus en attente de leur procès et les condamnés à des peines n'excédant pas deux ans ; les établissements pour peine, réservés à l'exécution des peines supérieures à deux ans. Parmi ces derniers, les centres de semi-liberté accueillent des détenus bénéficiant d'un aménagement de peine avec des horaires de sortie fixés par le juge.

Il existe 186 établissements pénitentiaires en France, dont 81 maisons d'arrêt, 98 établissements pour peine et 6 établissements pénitentiaires pour mineurs (ministère de la Justice, septembre 2021).

Des personnes

Au 1er octobre 2022, on recense 72 350 personnes dans les prisons françaises, un chiffre record, dont 3,6 % de femmes, pour 60 619 places opérationnelles. La densité carcérale est de 118,3 % au 1er août 2022 (114,6 % au 1er octobre 2021 et 126 % en 2008), en raison notamment de l'ouverture de nouveaux établissements. Elle s'élevait encore à 140,3 % en moyenne dans les maisons d'arrêt au 1er août 2022. Plus du tiers des détenus incarcérés présentent des troubles psychiatriques ou psychologiques. Le nombre annuel des suicides en détention s'élève à plus d'une centaine par an (128 en 2019).

Des peines

Si la très grande majorité des détenus n'est condamnée qu'à de courtes peines de prison, la durée moyenne de détention est de 11,1 mois au premier semestre 2022. Début 2020, 47 % des peines en cours d'exécution étaient inférieures à un an (et 20 %, supérieures ou égales à cinq ans). En 2020, l'emprisonnement et l'amende représentent toujours 83 %, les peines alternatives enregistrent une baisse à 10,1 %. En vigueur depuis le 24 mars 2020, 593 détentions à domicile sous surveillance électronique ont été prononcées.

Depuis le 24 mars 2020, les anciennes peines de sursis avec mise à l'épreuve (SME), de sursis assorti d'un travail d'intérêt général (STIG) et de contrainte pénale sont regroupées au sein du sursis probatoire. Il s'agit d'un sursis avec mise à l'épreuve, adapté aux circonstances et à la personnalité du condamné.

43 | Une justice civile trop lente ?

Des délais moyens très variables…

La justice civile traite des litiges entre les personnes. En 2020, le stock des affaires civiles a augmenté (+ 12 000 affaires). La durée moyenne de traitement des affaires était de 13,8 mois devant les tribunaux judiciaires. Après examen par les cours d'appel, 95 % des affaires se terminent au bout de trois ans et plus (*Chiffres clés de la justice*, 2021).

… selon la nature du litige : l'exemple du divorce

Les affaires familiales, essentiellement les divorces, représentent presque 40 % des affaires traitées par les tribunaux judiciaires. Le délai moyen de traitement du divorce était de 24,8 mois en 2020. Cette durée cache des disparités importantes selon le type de divorce. Ainsi, la durée moyenne d'un divorce par consentement mutuel est de 14,3 mois, de 22,5 mois pour le divorce accepté et de 32,1 mois pour le divorce pour altération définitive du lien conjugal. Ce progrès s'explique par la suppression de la seconde audience devant le juge aux affaires familiales (JAF) par la loi du 26 mai 2004. La loi de modernisation de la justice du XXIe siècle, promulguée le 18 novembre 2016, a encore simplifié cette procédure : la convention de divorce est désormais déposée devant notaire et non au tribunal. La loi du 23 mars 2019 prévoit également une modification de la procédure (simplification du vocabulaire, information des enfants…).

Une nouvelle réforme du divorce est entrée en vigueur au 1er janvier 2021. Les requêtes en divorce contentieux déposées depuis cette date ne nécessitent plus de phase de conciliation et débutent directement par une audience dite « d'orientation et prise de mesures provisoires », ceci pour simplifier les procédures.

Les différents types de tribunaux civils

Il existe plusieurs types de tribunaux (juridictions) civils : tribunal judiciaire (fusion du tribunal d'instance et du tribunal de grande instance en 2020), tribunal de commerce, conseil des prud'hommes… Ils sont respectivement compétents pour :

– les contentieux d'ordre familial nés à l'occasion d'un mariage, d'un divorce, d'un décès ou résultant de difficultés liées à l'éducation des enfants ;

– les contentieux relatifs à la propriété, aux dettes non régularisées, aux contrats mal exécutés… ;

– les litiges nés dans le cadre de relations de travail ou de relations commerciales.

Quelle densité judiciaire en France et en Europe ?

En 2018, la France comptait un tribunal pour 100 000 habitants. C'est un taux comparable à celui de la Suède (0,7) et de la Pologne (1), mais inférieur à ceux qu'on observe en Allemagne (1,3), en Espagne (1,5) et en Belgique (2,2). Dans plusieurs pays, dont la France, des réformes de la carte judiciaire ont conduit à une diminution du nombre de tribunaux (Conseil de l'Europe, Commission européenne pour l'efficacité de la justice, 2020).

L'activité des tribunaux pendant la crise sanitaire

La Cour des comptes, dans un rapport publié en mai 2021, a souligné l'impréparation des juridictions françaises face à une crise sanitaire d'une ampleur certes inédite, qui les a contraintes à mettre sur pied des plans de continuité d'activité (PCA) dont elles n'avaient pas la pleine maîtrise et qui se sont révélés globalement inefficaces : la fermeture des tribunaux (sauf pour les contentieux d'urgence) a été décidée durant le premier confinement. « Toutefois, certains acquis du plan de transformation numérique du ministère ont évité la paralysie de l'institution », tandis que « la procédure pénale numérique, […] dont le déploiement a débuté depuis septembre 2020, a révélé une forte valeur ajoutée pour la continuité de l'activité ».

44 | La violence est-elle en augmentation ?

Les atteintes aux biens : vols et cambriolages

En 2021, les cambriolages de logements enregistrés par la police et la gendarmerie sont en quasi-stagnation : 190 300 infractions en France, contre 189 800 en 2020, où elles avaient fortement baissé en raison de la crise sanitaire. Leur nombre est deux fois supérieur dans les grandes agglomérations de plus de 200 000 habitants (quelque 7 pour mille logements) que dans les zones rurales ou les petites villes (un peu moins de 4).

Les vols sans violences augmentent en 2021 (583 800 infractions, contre 553 800 en 2020, où elles avaient nettement reculé), tandis que les vols de véhicules stagnent (122 700, contre 122 800 en 2020) (« Insécurité et délinquance en 2021 : bilan statistique », juin 2022).

Des violences aux personnes majoritairement non crapuleuses

En 2021, le nombre de coups et blessures volontaires enregistrés par les forces de sécurité s'élevait à 306 700 (+ 11,8 %). Dans la plupart des cas, ces violences n'ont pas le vol pour objet (violences intrafamiliales, sur le lieu de travail, etc.). Les homicides (842) sont en hausse en 2021 (+ 7 %), après avoir chuté en 2020. Sur le long terme, on observe un recul régulier du nombre d'homicides, qui s'établissait à 1 600 en 1995, alors que la population française est passée dans le même temps de 59 à 67,6 millions d'habitants.

Actes racistes, antisémites et antimusulmans : des chiffres contrastés en 2021

Selon le dernier rapport de la Commission nationale consultative des droits de l'homme (CNCDH, juillet 2022), on observe pour 2021 une forte hausse des faits racistes (1 326, contre 888 en 2020) et de ceux à caractère antisémite (589, contre 339), mais un recul de ceux antimusulmans (213, contre 234).

Des violences conjugales en hausse notable

En 2020, les forces de police et de gendarmerie ont enregistré 159 400 victimes de violences conjugales (soit + 10 % par rapport à 2019 et + 10 % sur la période du premier confinement), dont 139 200 femmes (ministère de l'Intérieur, novembre 2021). Si 220 000 femmes déclarent avoir subi des violences chaque année, seulement 18 % d'entre elles portent plainte. Après la tenue du « Grenelle » consacré à la lutte contre les violences conjugales, de septembre à novembre 2019, un certain nombre de mesures ont été mises en œuvre, parmi lesquelles le renforcement du recours aux bracelets anti-rapprochement, par un décret du 23 septembre 2020. De plus, on relève une explosion (+ 78,4 %) du nombre de demandes d'ordonnances de protection entre 2018 et 2020 (Comité national de pilotage de l'ordonnance de protection, *Rapport d'activité 2020-2021*, juin 2021).

Des violences sexuelles plus largement révélées

Les violences sexuelles enregistrées sont en hausse constante depuis 2012 dans un contexte de libération de la parole et de plus grande révélation des faits (affaire Weinstein, vague #MeToo), d'un abaissement du seuil de tolérance et d'une amélioration de l'accueil des victimes lors des dépôts de plainte. De 28 000 enregistrements en 2012 (viols et tentatives de viols, autres agressions sexuelles dont le harcèlement), leur nombre est passé à 49 400 en 2018, 55 500 en 2019, 57 100 en 2020 et 75 800 en 2021 (« Insécurité et délinquance en 2021 »).

45 Comment lutter contre l'insécurité ?

Protéger les victimes, prévenir la récidive

La réforme pénale du 15 août 2014 visait déjà à développer la prise en charge et l'accompagnement des victimes et la prévention de la récidive. La loi du 23 mars 2019 prévoit que les victimes pourront déposer une plainte en ligne sans avoir à se rendre au commissariat ou à la gendarmerie. Les alternatives à la détention et les aménagements de peine (dont la surveillance électronique) sont développés afin d'éviter les sorties sèches. Enfin, la loi du 22 décembre 2021 prévoit le remplacement des crédits automatiques de réduction de peine par l'octroi de réduction de peine aux condamnés pour bonne conduite.

La lutte contre le cyberharcèlement

Pratiqué principalement *via* les réseaux sociaux et les téléphones portables, le cyberharcèlement touche particulièrement les adolescents et les femmes. La loi du 4 août 2014 pour l'égalité réelle entre les femmes et les hommes a ainsi introduit ce délit spécifique dans le cadre du délit de harcèlement moral. La loi du 3 août 2018 renforçant la lutte contre les violences sexuelles et sexistes en a élargi la définition afin de pouvoir réprimer les cas où une personne est victime d'une attaque coordonnée de plusieurs internautes. La loi du 24 août 2021 prévoit la condamnation à trois ans d'emprisonnement et à 45 000 euros d'amende à l'encontre de quiconque s'étant rendu coupable du « fait de révéler, de diffuser ou de transmettre, par quelque moyen que ce soit, des informations relatives à la vie privée, familiale ou professionnelle d'une personne permettant de l'identifier ou de la localiser ». La loi du 2 mars 2022 vise à renforcer la lutte contre le harcèlement des élèves et étudiants sur les réseaux sociaux.

Qui est responsable de la sécurité publique ?

Cette compétence est partagée par l'État et les collectivités territoriales. La loi du 5 avril 1884 a réparti les pouvoirs de police entre les préfets, représentant l'État, et les maires. Elle a peu évolué depuis, même si plusieurs grandes villes ont connu une « étatisation » (intégration dans des corps de fonctionnaires de l'État) de leur police municipale. En 2021, on comptait sur le territoire national quelque 250 000 policiers et gendarmes et un peu plus de 25 000 policiers municipaux (contre 14 300 en 2002). Le projet de loi d'orientation et de programmation du ministère de l'Intérieur, présenté au Conseil des ministres du 7 septembre 2022, prévoit un doublement de la présence des forces de l'ordre sur le terrain d'ici à 2030.

Des taux de récidive fonction du profil des intéressés

Parmi les individus sortis de prison en 2016, 32,9 % ont commis une nouvelle infraction dans l'année qui a suivi et 45,4 %, dans les 24 mois. La proportion est plus forte chez les détenus jeunes et ceux n'ayant bénéficié d'aucun accompagnement vers la sortie de détention (*Infos rapides justice*, juillet 2022).

Des politiques de prévention

L'insécurité est aussi liée à la paupérisation de certains quartiers dits « quartiers de relégation urbaine » où sévissent échec scolaire et chômage de masse. Des politiques de prévention sont mises en œuvre : écoles de la « deuxième chance », contrats aidés pour l'insertion professionnelle des jeunes en difficulté, etc.

La formation des policiers, un impératif

La Cour des comptes, dans un rapport publié en février 2022, a souligné les tensions pesant sur la formation des policiers en raison de l'augmentation des recrutements prévue durant la période 2018-2022 et insiste notamment sur la nécessaire mise en place de moyens budgétaires et humains suffisants.

46 | Des bouleversements écologiques inéluctables ?

Un changement climatique aujourd'hui incontestable

Le constat scientifique du Groupe d'experts intergouvernemental sur l'évolution du climat (Giec), réunissant plus de 260 scientifiques de 67 pays, est sans équivoque : le climat est en train de changer partout dans le monde, plus rapidement que prévu, et l'activité humaine est responsable de ce phénomène. Pendant la décennie 2010-2019, l'intégralité du réchauffement climatique observé, de + 1,1 °C par rapport à 1850-1900, est attribuée aux effets de l'activité humaine. L'enjeu est aujourd'hui de limiter l'ampleur du réchauffement climatique et d'adapter les sociétés à ces bouleversements.

Des effets boule de neige éprouvés en France

L'augmentation du nombre des événements extrêmes (canicules, feux de forêt, pluies diluviennes, etc.) est constatée dans toutes les régions du monde. L'été 2022, rythmé par trois vagues de chaleur remarquables en France, a été le deuxième plus chaud enregistré. Il a été marqué par un nombre record de jours de très forte chaleur dans certains territoires (36 jours à Avignon, Vaucluse). La température maximale de 40 °C la plus précoce a en outre été enregistrée le 16 juin dans l'Hérault. Au 31 août 2022, la sécheresse des sols mesurée en France a atteint un record historique, jamais enregistré depuis l'été 1958. Allant de pair avec une hausse des températures historiques, la sécheresse a favorisé la propagation de feux de forêts de grande ampleur (Météo France).

L'érosion du littoral en France

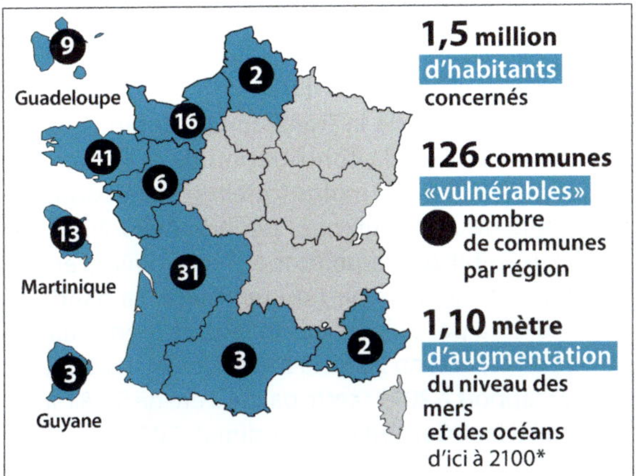

* D'après le rapport du GIEC du 25 septembre 2019, si les émissions de gaz à effet de serre continuent d'augmenter fortement.

Source : *Journal officiel*, décret n° 2022-750 du 29 avril 2022 / vie-publique.fr

C'est « maintenant ou jamais »

Le Giec publie des prévisions préoccupantes, dans lesquelles le seuil de + 1,5 °C serait « hors d'atteinte », et celui de + 2 °C difficile à réaliser. L'une des projections les plus pessimistes concerne une hausse de 3,2 °C d'ici à la fin du siècle. Le GIEC explique notamment ces projections par le non-respect des engagements de Glasgow 2021 lors de la COP 26, lesquels prévoyaient le doublement des budgets pour lutter contre le réchauffement.

28 juillet 2022 : « jour du dépassement »

Le jour du dépassement correspond à la date à partir de laquelle l'humanité a utilisé l'ensemble des ressources terrestres pouvant se reconstituer en une année. En 2022, c'est le 28 juillet que l'humanité a entamé le capital naturel nécessaire au maintien de la vie sur terre (Fonds mondial pour la nature).

47 | Gaz à effet de serre (GES) : où en est la France ?

La position de la France

Selon le ministère de la Transition écologique, parmi les pays industrialisés, la contribution de la France à l'effet de serre est l'une des moins fortes (ses émissions de CO_2 ont reculé de 21 % durant la période 1990-2021 [Citepa, 2022]), résultat d'une politique d'économie d'énergie et de l'importance de la part du nucléaire. La pandémie de la Covid-19 a par ailleurs eu un impact inédit mais limité puisqu'en France, en 2020, la baisse des émissions a atteint 9 % par rapport à 2019 ; cette baisse a été de 5,9 % au niveau mondial (Haut Conseil pour le climat, 2021).

Quelle baisse pour les émissions sectorielles ?

Dans le secteur du transport (premier émetteur de GES), la part des véhicules hybrides et électriques est passée de 3 % à 11 % des véhicules immatriculés entre 2019 et 2020. Le bâtiment voit lui aussi régulièrement baisser ses émissions depuis 2015, ce qui s'explique par un moindre recours au fioul domestique et par l'amélioration de l'isolation thermique des bâtiments. Le secteur de l'industrie a quant à lui aussi réduit ses émissions depuis les années 1990 grâce à l'amélioration des procédés industriels et à la décarbonation de l'énergie utilisée pour produire.

Quelle empreinte carbone individuelle ?

« En dépit d'émissions territoriales plus faibles, l'empreinte carbone par personne en France est proche de la moyenne européenne du fait du poids plus important des émissions importées. Celles-ci ont fortement augmenté (+ 8 %) depuis 1995 (date de début de leurs estimations) ; elles sont désormais dominantes et représentent 50 % du total. » (*Parlons climat en 30 questions*, 2022, p. 86).

Source des émissions de GES en France par secteur

31 % — Transports = 136 Mt éqCO_2
- 53% Voitures
- 25% Poids lourds
- 15% Véhicules utilitaires
- 4% Avions (vols intérieurs)
- 3% Autres (maritime, deux-roues, ferroviaire, tunnel)

19 % — Industrie = 84 Mt éqCO_2
- 26% Chimie
- 23% Matériaux de construction
- 23% Métallurgie
- 13% Agroalimentaire
- 15% Autres

19 % — Agriculture = 83 Mt éqCO_2
- 48% Élevage
- 40% Culture
- 12% Engins agricoles et chauffage des serres

17 % — Bâtiments = 75 Mt éqCO_2 (79 Mt éqCO_2 après correction des variations météorologiques)
- 61% Logement
- 39% Tertiaire

10 % — Transformation d'énergie = 42 Mt éqCO_2
- 47% Électricité
- 21% Raffinage du pétrole
- 9% Chauffage urbain
- 21% Autres

4 % — Déchets = 15 Mt éqCO_2
- 83% Stockage des déchets
- 17% Autres

Source : *Rapport annuel du Haut Conseil pour le climat* 2021 / *Parlons climat*, 2022.

48 | Allons-nous vers plus de développement durable ?

Un nouveau mode de développement

Le développement durable est celui qui « répond aux besoins du présent sans compromettre la capacité des générations futures de répondre aux leurs », selon le rapport Brundtland (1987) de la Commission mondiale sur l'environnement et le développement des Nations unies. Il vise à concilier l'écologique, l'économique et le social.

Une prise de conscience progressive

Depuis 1972, des sommets de la Terre sont organisés tous les dix ans par l'ONU. Ce sont les sommets de Rio (1992) et de Johannesburg (2002) qui ont permis à la notion de s'affirmer et à la communauté internationale de prendre conscience des enjeux environnementaux. En 2012, le sommet Rio + 20 s'est achevé sur un bilan modeste. Le sommet de Stockholm (2022) a notamment souligné que 10 % des objectifs mondiaux décidés depuis cinquante ans ont été atteints.

De la COP21 à la COP27, des avancées et un bilan mitigé au regard de l'urgence

La 21e conférence des Nations unies sur les changements climatiques organisée à Paris en 2015 a permis de conclure un accord engageant 195 États (+ l'UE) à réduire leurs émissions de gaz à effet de serre. L'accord de Paris, entré en vigueur le 4 novembre 2016, est le premier accord universel destiné à réorienter l'économie mondiale vers un modèle à bas carbone. La COP 27 à Charm el-Cheikh s'est achevée le 20 novembre 2022 avec la décision de créer un fond d'aide aux pays les plus vulnérables face aux dégâts liés au réchauffement. Elle a cependant échoué dans l'accélération de la sortie des énergies fossiles.

Des engagements nationaux : de la Charte de l'environnement à la loi Climat et résilience

– 1er mars 2005 : la Charte de l'environnement de 2004, qui a une valeur constitutionnelle depuis la révision constitutionnelle du 1er mars 2005, consacre les principes de précaution et le « droit de vivre dans un environnement équilibré et respectueux de la santé ».
– 2007-2010 : le Grenelle de l'environnement, premier processus de dialogue entre l'État et des représentants de la société civile, aboutit à 268 engagements déclinés ensuite dans les lois Grenelle 1 et 2.
– 17 août 2015 : la loi sur la transition énergétique prévoit un objectif de réduction de la consommation énergétique de 50 % en 2050 par rapport à 2012, de ramener la part de l'électricité d'origine nucléaire à 50 % en 2025 et de réduire les émissions de GES de 40 % en 2030 par rapport à 1990.
– 8 novembre 2019 : la loi relative à l'énergie et au climat fixe pour objectif d'« atteindre la neutralité carbone à l'horizon 2050 en divisant les émissions de GES par un facteur supérieur à six ».
– 22 août 2021 : la loi dite Climat et résilience traduit une partie des 149 propositions de la Convention citoyenne pour le climat, expérience démocratique inédite décidée en 2019 par le président Macron – l'opposition critique cependant la réduction de leur portée.
– Octobre 2022 : l'État est condamné à payer 20 millions d'euros pour son incapacité à ramener les niveaux de pollution de l'air en dessous des seuils réglementaires sur l'ensemble du territoire.

L'entreprise face à ses responsabilités écologiques

La responsabilité sociétale des entreprises (RSE) signale le choix volontaire d'une entreprise de prendre en compte des préoccupations sociales et environnementales dans leur fonctionnement. Elle permet aux professionnels comme aux particuliers d'avoir une meilleure lecture des effets de l'activité d'une entreprise sur la société. En 2015, la loi renforce notamment les obligations de comptes rendus en matière d'enjeux climato-énergétiques, d'économie circulaire et de gaspillage alimentaire par les entreprises.

49 | Quelles actions pour la préservation du climat ?

L'adaptation au changement climatique

Notion clé de la question écologique, l'adaptation « vise à diminuer l'exposition et la vulnérabilité en amont, et à renforcer la résilience aux aléas climatiques actuels et à venir. [...] [Elle] implique de hiérarchiser les buts et d'opérer des choix collectifs, en se projetant sur plusieurs décennies pour inclure les intérêts des jeunes générations d'aujourd'hui, en considérant les enjeux de justice et d'équité » (*Parlons climat*, p. 82, 2022).

Des leviers collectifs : investir et planifier

Le 6e rapport du Giec établit un certain nombre de décisions de nature sociétale pour permettre une adaptation à la transition écologique à l'œuvre. Parmi elles, la réduction du financement des énergies fossiles et l'investissement dans les énergies renouvelables figurent parmi les leviers d'adaptation préconisés par les experts scientifiques. En 2021, la part des énergies renouvelables dans la consommation finale brute d'énergie est de 19,3 %. C'est deux fois plus qu'en 1990 (ministère de la Transition écologique).

Des leviers citoyens : sobriété et engagement

Les scientifiques du Giec préconisent en outre certaines actions individuelles pour faire preuve d'une plus grande sobriété en adoptant un régime moins carné, en isolant efficacement son logement, en télétravaillant et en utilisant des transports à mobilité douce. Les Français sont prêts à s'engager : 27 % déclarent en 2021 boycotter des produits ou entreprises, et 50 % pourraient le faire. 10 % déclarent être engagés dans une association de défense de l'environnement, et 40 % pourraient le faire (ADEME, 2022).

Les 12 alibis évoqués pour justifier l'inaction

Détourner les responsabilités
« C'est d'abord aux autres d'agir »

- **À quoi-bonisme :** *notre empreinte carbone est ridicule comparée à la Chine*
- **Individualisme :** *les individus et les consommateurs sont au final responsables de leur empreinte carbone*
- **Excuse du « resquilleur » :** *réduire nos émissions nous affaiblirait*

Favoriser les mesures marginales
« Changements radicaux inutiles »

- **Optimisme technologique :** *de nouvelles technologies nous permettent de ne rien changer*
- **Bla-bla :** *avec nos engagements pour 2050, nous sommes les leaders de l'action climatique*
- **Solutions fossiles :** *l'utilisation d'énergies fossiles au bénéfice du climat !*
- **Carottes sans bâtons :** *sans mesures positives, point de salut*

Souligner les inconvénients
« Les changement seront trop brutaux »

- **Non-acceptabilité sociale :** *regardez les gilets jaunes*
- **Perfectionnisme réglementaire :** *Il ne faut prendre que des mesures parfaites convenant à tous*
- **Faire appel au bien-être :** *les énergies fossiles sont indispensables au développement.*

Renoncer
« On n'y arrivera jamais »

- **Capituler :** *toutes les actions d'atténuation sont trop petites et c'est trop tard : les catastrophes sont inévitables.*
- **Dictature verte :** *les mesures nécessaires sont impossibles à mettre en œuvre en démocratie.*

Source : *Parlons climat*, 2022.

Lutter contre la déforestation et protéger la biodiversité

Début septembre 2020, une centaine d'ONG, dont WWF France, ont lancé le mouvement Together4Forest, « ensemble pour la forêt ». Responsable de 12 % des émissions de gaz à effet de serre dans le monde, la réduction des forêts est en effet l'une des causes principales de la baisse de la biodiversité. En septembre 2022, les parlementaires européens ont finalement majoritairement voté une loi contre la déforestation, comprenant par ailleurs d'autres territoires boisés comme les savanes (wwf.fr).

Natura 2000 est un réseau européen visant à la protection des espaces naturels, terrestres et marins. En France, il prend en charge 13 % de la surface métropolitaine, 35,7 % de la surface marine de la zone économique exclusive (ZEE), 43 % des forêts et 123 espèces d'oiseaux. Toute personne physique ou morale peut proposer un contrat Natura 2000 si elle est propriétaire d'une parcelle intégrée au périmètre Natura 2000. Elle percevra une aide étatique si elle tient ses engagements à l'égard de la biodiversité du site (ecologie.gouv.fr).

50 | Quel bilan énergétique ?

Une production énergétique stable

La croissance spectaculaire de la production nationale énergétique entre 1970 et 1990 s'est stabilisée dans les années 2000. Cette production représente plus de la moitié de l'approvisionnement en énergie de la France. Le nucléaire constitue les deux tiers de l'énergie produite (69 % en 2021). La production d'origine renouvelable progresse régulièrement depuis 2005. Quant à l'extraction des énergies fossiles, elle a fortement décliné jusqu'au milieu des années 2000 pour atteindre des quantités marginales en 2021 : charbon (0,7 %), gaz (6,3 %) et fioul (0,4 %) (*Chiffres clés de l'énergie*, 2021).

Une consommation énergétique plurielle

Depuis 1990, les consommations de charbon et de pétrole ont reculé respectivement de 72 % et 27 %. À l'inverse, celles de nucléaire et de gaz naturel ont respectivement augmenté de 15 % et 44 %, tandis que celle d'énergies renouvelables a plus que doublé.

La consommation énergétique se répartit de manière inégale selon les secteurs : le résidentiel-tertiaire concentre 47 % de la consommation d'énergie primaire en 2020, contre 30 % pour les transports, 20 % pour l'industrie et 3 % pour l'agriculture (*Chiffres clés de l'énergie*, 2021).

Des approvisionnements à consolider

La guerre en Ukraine entraîne des problèmes d'approvisionnements en gaz naturel, pétrole et charbon. Le poids de l'énergie russe est toutefois à relativiser en France : 17 % du gaz et 9 % du pétrole ; au total, avant la guerre, moins de 10 % de l'énergie française consommée vient de Russie (publicsenat.fr, mars 2022).

Répartition de la consommation d'énergie primaire en France en 2020

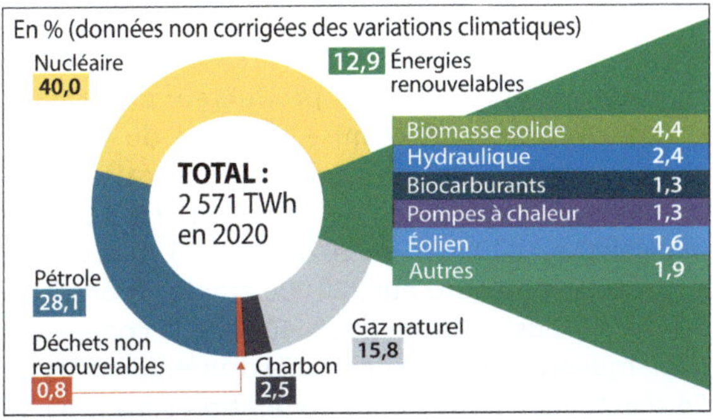

Source : *Chiffres clés de l'énergie*, 2021.

La consommation électrique des ménages en 2021

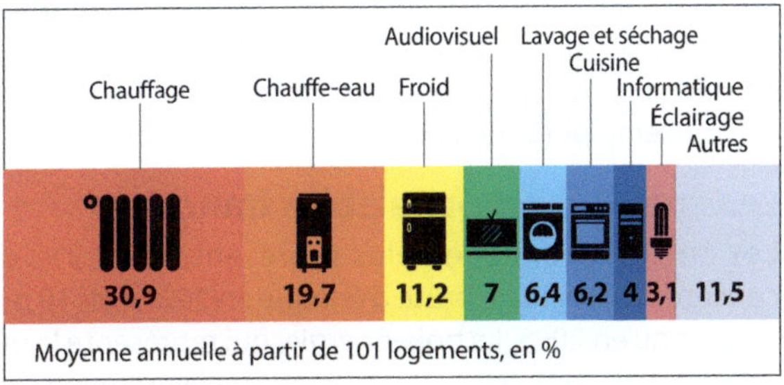

Source : Ademe, 2022 / *Le Monde*, septembre 2022.

Le plan de sobriété énergétique

La Première ministre, Élisabeth Borne, a déclaré le 6 octobre 2022 que « la sobriété s'est imposée comme une nécessité », pour alléger les factures d'énergie et réduire notre empreinte sur le climat.

Pour en savoir plus sur Vie-publique.fr :

51 | Vers un nouveau mix énergétique ?

Le nucléaire, un géant électrique

Le nucléaire est le premier producteur d'électricité en France. À la suite de la mise en place du programme nucléaire hexagonal, la production française d'énergie primaire est passée de 514 TWh en 1973 (dont 9 % de nucléaire) à 1 423 TWh en 2020 (dont 75 % de nucléaire). Il représente aujourd'hui 220 000 emplois, constituant la 3e filière industrielle. En 2020, 40 % de la consommation d'énergie primaire est constituée d'énergie nucléaire.
56 réacteurs de deuxième génération sont répartis sur 18 centrales ; seulement 37 réacteurs sont opérationnels en décembre 2022 notamment pour des raisons de corrosion. Après une période de remise en question (loi de transition énergétique de 2015 qui prévoyait une baisse du nucléaire, fermeture de la centrale de Fessenheim), le programme nucléaire français a été relancé par le président de la République qui a annoncé en février 2022 la commande de six exemplaires du réacteur de dernière génération EPR2.

Les énergies renouvelables françaises

Les énergies renouvelables représentent 19,3 % de la consommation finale brute d'énergie en 2021, soit 10 points de plus qu'en 2005. Le bois-énergie, qui représente la quasi-totalité de la biomasse solide, demeure la première source d'énergie renouvelable consommée en France (35,1 %), son principal usage étant le chauffage. Viennent ensuite l'hydraulique (16,3 %), les pompes à chaleur (11,9 %) et l'éolien (10,3 %). La loi relative à l'énergie et au climat de 2019 fixe pour la France un objectif de 33 % d'énergie produite à partir de sources renouvelables dans la consommation finale brute d'énergie en 2030 (*Chiffres clés des énergies renouvelables*, 2022).

Une meilleure isolation des logements

Les dépenses énergétiques réalisées pour le logement ont baissé de 24 % entre 2000 et 2019. De meilleures performances énergétiques des logements neufs et rénovés expliquent cette évolution. Les diagnostics de performance énergétique (DPE) classent les logements peu énergivores (étiquettes A et B, soit 1,9 million de résidences principales en 2019) à très énergivores (étiquettes F et G, soit 4,8 millions de logements qualifiés de « passoires thermiques », essentiellement des maisons individuelles). La rénovation des toitures et des combles ainsi que les travaux sur les systèmes de chauffage ont constitué la majorité des travaux de rénovation (*Chiffres clés de l'énergie*, 2021). Pour financer des travaux de rénovation énergétique, les pouvoirs publics ont mis en place en 2020 une aide financière sous la forme d'une prime à la transition énergétique.

Inauguration du premier parc éolien offshore français

Un peu moins de 9 000 éoliennes produisent de l'électricité en France (le double du chiffre de 2014). Emmanuel Macron a inauguré le 22 septembre 2022 le premier parc éolien offshore français, déclarant que la France devrait désormais aller « deux fois plus vite » en matière de développement d'énergies renouvelables. 80 éoliennes ont ainsi été installées en mer dans le cadre d'une politique d'accélération d'implantation d'installations d'énergie renouvelable. Ces éoliennes devraient être capables de produire 480 mégawatts, soit de permettre l'alimentation en électricité de 700 000 personnes. D'ici à 2024, de nouveaux parcs marins seront inaugurés au large de Courseulles-sur-Mer (14), Fécamp (76) et Saint-Brieuc (22) (geo.fr ; francetvinfo.fr).

Le saviez-vous ?

La Suède est le premier consommateur d'énergies brutes renouvelables en Europe en 2020, avec plus de 60 % d'énergies renouvelables consommées. La France (19,7 %) se situe en dessous de la moyenne de l'Europe des 27 (plus de 23 %) (SDES pour la France ; Eurostat pour l'Europe).

52 De l'agriculture à l'assiette : quelles évolutions ?

L'agriculture, état des lieux

49 % du territoire français est occupé par des surfaces agricoles, exploitées par 389 000 exploitations agricoles dont 58 % sont individuelles. Ces exploitations sont plus petites (en moyenne 70 hectares) que celles des pays voisins comme le Danemark ou le Royaume-Uni ; elles sont presque cinq fois plus petites que les exploitations agricoles canadiennes (ministère de l'Agriculture).
En 2020, 758 300 personnes travaillent de façon permanente dans ces exploitations agricoles. C'est 208 000 de moins qu'en 2010.
Les cultures ultramarines contribuent à la diversité de la production : canne à sucre, bananes et ananas sont parmi les principales denrées exportées depuis l'outre-mer.
Alors que l'agriculture est aujourd'hui responsable de 19 % des émissions de gaz à effet de serre en France, la qualité et l'origine sont aujourd'hui deux critères auxquels les consommateurs portent une attention accrue. En 2021, une exploitation agricole sur trois est engagée dans un label d'identification de qualité et d'origine.

L'agroalimentaire, première industrie française

Le secteur agroalimentaire regroupe les activités de transformation des produits agricoles pour la vente de biens alimentaires. La France, 6e exportateur mondial, est le leader en matière d'exportation de vins et de spiritueux, de pommes de terre, ainsi que de semences agricoles. Plus de la moitié de ces exportations sont destinées à des pays européens (Allemagne, Belgique, Italie). La France est par ailleurs le premier exportateur de céréales de l'UE. La moitié de sa production céréalière est exportée, production qui occupe 35 % de sa surface agricole totale.

Manger à la française : quelles évolutions ?

En France, le régime alimentaire est diversifié. La France, meilleure élève que ses voisins européens en termes de consommation de produits bruts, est moins exposée au surpoids et à l'obésité. Toutefois, de 1960 à 2015, la consommation de produits transformés a augmenté en moyenne de 4,4 % en volume chaque année (*Insee Première*, nº 1568, 2015).

En 2020, les Français ont consacré 21 % de leur budget à l'alimentation dont une part importante est consacrée aux dépenses de viande et de légumes. Les comportements alimentaires témoignent d'une évolution des normes sociales, exigeantes en matière de bien-être animal et d'environnement. De 1998 à 2018, la quantité de viande consommée chaque année par habitant a diminué de 9 kilos (France Stratégie, 2021). En 2021, 9 Français sur 10 déclarent avoir consommé des produits biologiques. Cependant, seulement 15 % des Français mangent ces produits certifiés chaque jour (ministère de l'Agriculture). Réputée plus chère, la filière bio subit les effets de la baisse du pouvoir d'achat des ménages en 2022.

Comment évoluent les pratiques d'achats ?

Bien que l'achat dans les supermarchés reste le mode principal d'approvisionnement alimentaire, des mutations réelles s'observent. En 2022, 60 % des Français et 20 % des plus de 45 ans se sont déjà fait livrer leur consommation alimentaire à domicile. La livraison à domicile pèse désormais davantage que le marché du drive, avec un chiffre d'affaires de plus de 10 milliards d'euros dès 2021 (IRi, centre d'analyse des produits de consommation).

Le saviez-vous ?

Les Français sont les champions du monde pour ce qui est du temps consacré aux repas. En moyenne, un Français boit et mange pendant 2 heures et 13 minutes par jour. C'est deux fois plus qu'aux États-Unis (1 heure et 2 minutes). La Grèce et l'Italie occupent les deuxième et troisième places (avec une durée de deux heures et 8 minutes).

53 | Vers un renforcement de la souveraineté alimentaire ?

Qu'est-ce que la souveraineté alimentaire ?

La souveraineté alimentaire consiste, pour un pays, en la capacité de produire des vivres pour tous ses habitants, à disposer d'une autonomie en matière de choix de production agricole et à mettre en œuvre des politiques durables pour une alimentation saine (plan « France 2030 »). Les préoccupations des consommateurs français ont profondément évolué : 74 % des Français pensaient, en 2019, qu'il existait des risques alimentaires, contre 55 % en 1995 (Crédoc).

Des aides pour pallier les hausses des prix

Le contexte international a conduit à adopter le plan France 2030, plan de résilience agricole et alimentaire. Une mesure d'aide aux éleveurs a notamment été mise en place le 1er avril 2022. 400 millions d'euros au total ont été distribués *via* ce dispositif.

À l'échelle européenne, la nouvelle politique agricole commune (PAC), 2023-2027, sera dotée d'une enveloppe de 387 milliards d'euros, laquelle prévoit de distribuer 270 milliards directement aux agriculteurs.

Des mesures en faveur de la santé et de l'environnement

La législation a imposé depuis le 1er janvier 2022 l'obligation, pour les restaurations collectives, de proposer *a minima* 50 % de produits dits durables ou de qualité, et au moins 20 % de produits bio.

La loi antigaspillage est entrée en vigueur le 1er janvier 2022. 10 millions de tonnes de nourriture consommable sont jetées chaque année (ministère de la Transition écologique). Cela représente environ 30 kilos par personne, parmi lesquels 7 kilos de nourriture encore emballée.

L'autonomie alimentaire de la France

6,3 milliards d'euros d'excédent*

50 % des fruits et légumes consommés en France sont importés (contre un tiers en 2000)

20 % de la consommation alimentaire française est importée (2 fois plus qu'en 2000)

Source : rapport d'information de la Commission des affaires économiques de l'Assemblée nationale, 2021.

Les principaux fournisseurs de la France

(tous produits agricoles et agroalimentaires confondus)

Source : vie-publique.fr

Lecture : * Excédent de la balance commerciale agricole et agroalimentaire en 2022. C'est la soustraction exportations – importations.

Des productions et des approvisionnements à l'épreuve

Le conflit russo-ukrainien entraîne, sur le plan international, une hausse importante du prix des matières premières alimentaires (blé, huile). Des pénuries sur certains produits ont aussi rythmé l'année, la chaîne de distribution alimentaire se trouvant grippée par des problèmes d'approvisionnements en fournitures d'emballage et les effets du dérèglement climatique (sécheresse).

Des problèmes de sécurité alimentaire

L'année 2022 a été marquée par plusieurs scandales concernant des produits agroalimentaires distribués à grande échelle. Buitoni, Lactalis, Kinder, etc. : de nombreux lots de produits ont été retirés des rayons pour suspicion de contamination aux bactéries *E. coli*, salmonelles ou *listeria*. Le 1er janvier 2023, une police unique en charge de la sécurité alimentaire des produits sur le marché a été créée, jusqu'à présent sous la responsabilité de la Direction générale de la concurrence, de la consommation et de la répression des fraudes (DGCCRF). Cette police incombera, à terme, au ministère de l'agriculture et de l'alimentation.

54 | Le numérique : en perpétuelle évolution ?

Un usage du numérique qui se généralise…

En 2021, 95 % des Français de 15 ans ou plus possédaient un téléphone mobile, dont 77 % un smartphone. 90 % de la population dispose d'un téléphone fixe ou mobile et a accès à une connexion internet fixe. 99 % des 15-29 ans sont équipés en téléphonie (Insee, 2022).

… dans de multiples secteurs…

Tous les grands quotidiens disposent d'un site internet. En 2021, la presse française diffuse au total 8,1 millions d'exemplaires par jour, et enregistre 70 millions de visites sur les sites et applications numériques (ACPM, 2022). Le e-commerce a également beaucoup progressé. En 2021, 27 000 nouveaux sites internet marchands ont été créés, pour un total de 177 000 plateformes de e-commerce (Fevad, 2021).

… au détriment de certaines activités

Le streaming contribue à environ deux tiers des revenus du marché musical. La consommation audiovisuelle numérique gagne aussi du terrain : en 2021, un Français majeur visionne en moyenne 1 heure et 3 minutes par jour de contenu audiovisuel en ligne. C'était moins de 45 minutes en 2017 (Statista, 2021). Cette évolution fait mécaniquement baisser le temps moyen consacré à regarder la télévision ou passé dans un cinéma. En outre, on constate que plus le commerce en ligne est implanté dans un secteur, plus la baisse de l'emploi y est prononcée.

L'impact environnemental du numérique

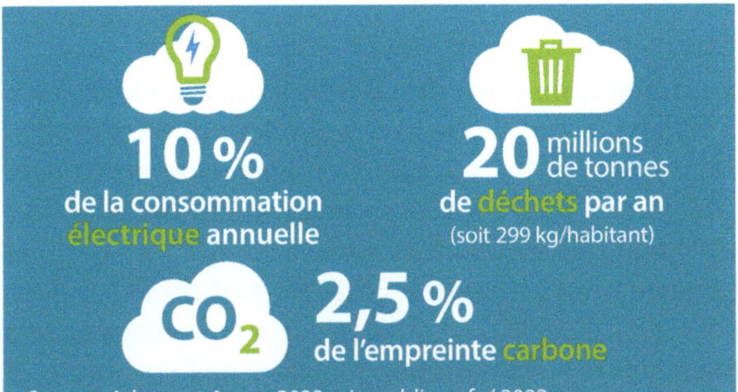

Source : Ademe et Arcep, 2022 ; vie-publique.fr / 2022

Des applications à tout faire ?

En 2020, 75 % des Français naviguaient sur internet avec leur téléphone mobile (contre 10 % en 2009), le smartphone ayant supplanté l'ordinateur (Crédoc, 2021). La consommation de biens et de services sur mobile devient une pratique privilégiée : en 2021, les achats sur mobile ont augmenté de 13 % par rapport à 2020 (Fevad, 2021). Avec la crise sanitaire, les outils de visioconférence (Zoom) et les plateformes de streaming (Disney +, Netflix) ont été parmi les plus installées. En 2021, les trois applications les plus téléchargées sont TousAntiCovid, WhatsApp Messenger et TikTok (Crédoc, 2022).

Le succès des réseaux sociaux

L'usage des réseaux sociaux n'a cessé de croître au cours de la dernière décennie. Début 2022, ce sont 56,4 % des Français qui utilisent les réseaux sociaux au moins une fois par jour. La moyenne de temps passé chaque jour sur ces plateformes est de 1 heure et 46 minutes en moyenne. Le réseau social le plus utilisé reste Facebook. TikTok enregistre une hausse remarquée, quadruplant sa fréquentation de 2019 à 2021 (données Médiamétrie). Des campagnes de prévention alertent sur leur utilisation prolongée, en particulier chez les plus jeunes, susceptible d'avoir un impact négatif sur leur santé mentale et leur sommeil.

55 | Une France numérique ?

Des services publics en ligne

Le développement de l'administration électronique a amélioré la productivité des services publics et a facilité les démarches des usagers. La télédéclaration est devenue obligatoire pour tous les revenus en 2019 et la déclaration automatique a été mise en place en 2020, en parallèle du prélèvement à la source. En 2021, près de 34,5 millions de foyers fiscaux (88,6 %) ont déclaré leurs revenus en ligne ou de manière automatique (ministère de l'Économie, 2022). La transformation numérique de l'administration demeure l'un des axes centraux du programme Action Publique 2022, et a conduit à la simplification des 250 démarches administratives les plus fréquentes.

Des inégalités d'accès et d'usage…

Les inégalités d'accès et d'usage sont de trois natures. Générationnelles, les 70 ans et plus se connectant nettement moins. Sociales, puisque les ménages les plus modestes sont en moyenne moins connectés que les plus aisés. Culturelles enfin, l'absence de diplôme étant plus souvent couplée à l'absence des usages numériques. Ces inégalités connaissent toutefois une baisse tendancielle, et le fossé numérique semble se combler (Défenseur des droits, 2022).

… mais un territoire de mieux en mieux couvert

L'accord New Deal mobile passé entre l'État et les opérateurs mobiles a permis de passer de 72,7 % de territoire couvert en 2017 à 85,4 % en 2021, outre-mer compris. Une fracture territoriale demeure toutefois en termes de couverture de réseau internet de haut débit. Tandis que les zones urbaines et périurbaines en sont dotées à 80 %, les zones rurales et de montagne atteignent 30 % de couverture au total (Défenseur des droits, 2022).

Numérique et santé

Après la banalisation de son usage en période de crise sanitaire, le recours à la téléconsultation a décru, se stabilisant à un taux situé entre 4 et 6 % de la totalité des consultations médicales en 2021 (Institut économique Molinari, 2022). L'application numérique Mon espace santé est désormais disponible. Elle regroupe les parcours de santé et permet une centralisation des informations à laquelle peuvent accéder tous les praticiens médicaux, remplaçant le dossier médical partagé (DMP). La dématérialisation de la carte Vitale est en cours de déploiement. Cette carte sera généralisée à l'ensemble du territoire français en 2023 (Assurance maladie, 2022).

France services : l'accompagnement de proximité refait à neuf

La création du label France services permet d'assurer un accompagnement généraliste aux usagers, à moins de 30 minutes de chez eux (*cf.* Q49). France services prend le plus souvent la forme de « maisons », parfois de bus itinérants tenus par des conseillers qui assistent les usagers dans des démarches en ligne (ministère de la Cohésion des territoires).

La cybersécurité, des enjeux renforcés

Corollaire du recours de plus en plus massif aux outils numériques et aux services à distance, stimulé par la crise sanitaire, le nombre de cyberattaques a été multiplié par 4 en 2020 (ANSSI). La plateforme de signalement cybermalveillance.gouv.fr signale quant à elle une hausse de 95 % des attaques par rançongiciels en 2021, et une augmentation de 139 % de piratage de comptes. Les messageries en ligne sont les lieux privilégiés des pirates informatiques. Les hôpitaux et les collectivités territoriales sont les plus touchés.

Le saviez-vous ?

L'illectronisme se définit comme l'incapacité humaine ou matérielle à utiliser les outils numériques. En 2019, il touche 17 % de la population française. 67,2 % des 75 ans et plus se trouvent en situation d'illectronisme.

56 Quelles politiques de soutien à la culture ?

Le poids économique de la culture

En période post-Covid, les résultats du premier trimestre 2022 témoignent d'une reprise marquée des activités culturelles. La culture enregistre en effet une hausse de 6 % de son chiffre d'affaires (1,2 milliard d'euros) par rapport à l'avant Covid-19.

Les principaux moteurs de cette reprise sont le cinéma et l'audiovisuel, les arts visuels et les jeux vidéo. D'autres secteurs culturels enregistrent une baisse d'usage ; c'est le cas de la presse (– 6 %), de la gestion patrimoniale (– 6 %) et du spectacle vivant (– 3 %) (ministère de la Culture, 2022).

Maintien de l'effort financier de l'État

Le budget (hors audiovisuel et plan de relance) du ministère de la Culture pour 2023 est de 4,22 milliards d'euros, enregistrant un hausse de + 7,5 % par rapport à 2022. La ministre Rima Abdul-Malak a souligné certains des « défis majeurs » culturels, soulignant l'amplification de la puissance des « géants du numérique » et la nécessité de développer une éducation artistique auprès des jeunes.

Le ministère poursuit le financement d'un important réseau d'établissements culturels (dont la Bibliothèque nationale de France) par le biais de subventions. Il aide aussi les industries culturelles (cinéma, musique) et soutient les recherches esthétiques dans les domaines de la peinture et de la sculpture. Le principal secteur culturel concentrant les aides reste le patrimoine (31 %), une enveloppe de 76 millions d'euros est prévue dans cette optique, englobant aussi le financement des grands musées.

Les professions culturelles et les emplois

En 2018, 645 700 personnes, soit 2,4 % de la population active, exercent une profession culturelle dans l'un des secteurs culturels (patrimoine, édition, cinéma, etc.) et 703 800 personnes travaillent dans le secteur culturel (emploi culturel, administratif ou technique, etc.), soit 2,6 % de la population active. La majorité de ces professionnels exercent leur activité en Île-de-France, avec une surreprésentation des métiers du cinéma, de l'édition et des arts visuels ou du spectacle. La perte d'activité et de revenu liée à la crise sanitaire a durement affecté les filières du spectacle vivant et du patrimoine.

Pass Culture : un dispositif individuel et collectif

Le Pass Culture, jusqu'alors réservé aux jeunes de 18 ans, a été élargi aux 15-17 ans. Depuis janvier 2022, les 15 ans bénéficient d'un crédit de 20 euros sur l'application éponyme pour réaliser des sorties ou acheter des biens culturels ; les 16 et 17 ans disposent quant à eux de 30 euros. Les choix des lycéens se portent majoritairement sur les livres (52,7 %), le cinéma (12,9 %) et l'achat d'instruments de musique (12,9 %). En complément de ce dispositif individuel figure un outil collectif. Collèges et lycées se voient crédités d'un montant par élève, dès lors que celui-ci se trouve en classe de quatrième. Ce sont les enseignants qui réalisent les choix concernant l'utilisation de ces montants – venue d'un intervenant ou spectacle dans l'établissement, visite d'un musée ou sortie théâtre. 208,5 millions du budget du ministère seront consacrés au Pass Culture (+ 9,5 millions par rapport à 2022).

La suppression de la redevance de l'audiovisuel public

Mise en œuvre en 1933 pour le financement de la radio publique et élargie en 1949 à la télévision, la fin de la contribution à l'audiovisuel public (CAP) a été votée à l'Assemblée nationale en août 2022, ce qui est destiné à accroître le pouvoir d'achat des ménages : 23 millions de foyers payaient en moyenne 138 euros par ans. Privés de cette redevance, Radio France, France Télévisions, Arte, France 24, l'INA devront redéfinir leur équilibre financier.

57 | Pratiques culturelles : des mutations durables ?

Sorties culturelles et sortie de pandémie

Les pratiques culturelles restent affectées par la Covid-19. Malgré tout, 56 % des Français âgés de 15 ans et plus déclarent avoir effectué au moins une sortie culturelle durant la période septembre-décembre 2021. Le spectacle vivant résiste moins bien que d'autres secteurs, puisque seulement 22 % des personnes interrogées ont assisté à au moins un spectacle. 7 % ont fréquenté un festival.
La grande majorité des visiteurs ou spectateurs sont des hommes (62 %), des jeunes âgés de 15 à 24 ans (72 %), des diplômés du supérieur (70 %) et des personnes résidant en Île-de-France (64 %) (ministère de la Culture).

Un essor des pratiques numériques porté par les plus jeunes

En janvier 2022, 44 % des sondés déclarent avoir pris l'habitude d'utiliser des outils numériques pour accéder à des contenus culturels (ministère de la Culture). L'écoute de la musique connaît un succès qui ne se dément pas, en partie grâce aux technologies numériques et à l'accès au haut débit. Le streaming représente 70 % du total des ventes en 2021 (contre 20 % en 2011). En 2021, on écoutait en moyenne 16 heures et 36 minutes de musique chaque semaine (plus de 22 heures pour les 16-24 ans).
Les plateformes de streaming vidéo connaissent également un essor remarquable. En 2018, les sites de vidéo à la demande comptabilisaient 6,4 millions d'utilisateurs, contre 7,8 millions en 2021 (Statista). Cette population d'internautes se démarque par sa relative jeunesse (33 ans) (Médiamétrie, 2019).

Le jeu vidéo en France

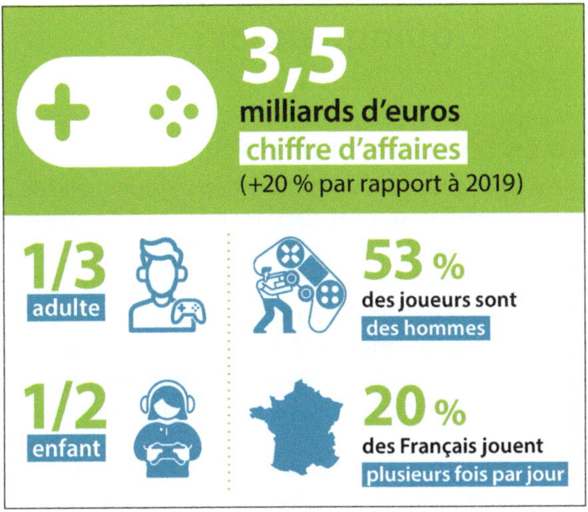

Source : ministère de la Culture, décembre 2021 / vie-publique.fr

Coup de projecteur sur le cinéma français

Si, après les confinements successifs, il est possible de retourner au cinéma, les salles enregistrent toujours une baisse de leur fréquentation par rapport à 2019 (– 37 %). La baisse est nettement plus forte pour les films américains (– 62 %) que pour les films français (– 30 %). De ce fait, la part des films français s'accroît : elle est de 51 %, contre 46 % pour la même période en 2019.

Un rebond des supports musicaux physiques

Alors qu'avant la crise sanitaire les ventes des supports physiques de l'industrie musicale (CD, vinyles) diminuaient, on observe en 2021 une croissance du chiffre d'affaires physique de + 21 %. Le CD connaît un accroissement de 10 % de ses ventes, tandis que le vinyle voit la reprise de ses ventes se poursuivre avec plus de cinq millions d'unités vendues en France en 2021, soit 33 % du chiffre d'affaires physique (Syndicat national de l'édition phonographique, 2022).

58 Quels changements à l'aube du nouveau quinquennat ?

Présidentielle de 2022 : un second mandat pour Emmanuel Macron

À l'issue du premier tour de l'élection présidentielle de 2022, trois candidats se sont nettement détachés : Emmanuel Macron (27,85 %), Marine Le Pen (23,15 %) et Jean-Luc Mélenchon (21,95 %). Le second tour, tenu le 24 avril 2022, a vu la désignation de E. Macron (58,54 %), élu face à M. Le Pen. Le 7 mai 2022, E. Macron a déclaré durant la cérémonie d'investiture vouloir notamment « léguer une planète plus vivable » et une France « plus forte ».

Une nouvelle manière de gouverner ?

Désignée Première ministre par le président de la République, Élisabeth Borne succède à Jean Castex. Elle est la seconde femme à être nommée à ce poste, après Édith Cresson (1991). La cheffe du gouvernement a en outre (et cela constitue une innovation) pour mission de s'occuper de la planification écologique et énergétique. L'objectif visé est de mener cette politique de manière transversale entre les divers ministères concernés.

La perte de la majorité absolue à l'Assemblée nationale

Le parti du président de la République a obtenu une majorité relative aux élections législatives de juin 2022. Ce qui, *a priori*, peut redonner une certaine importance au rôle du Parlement, en particulier à l'Assemblée nationale.

L'abstention électorale ?

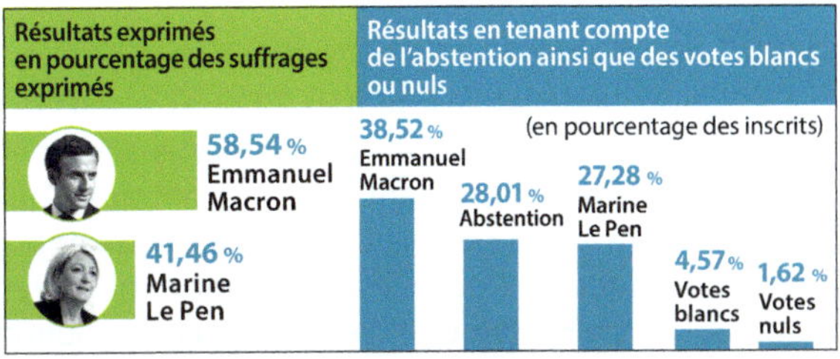

Source : Conseil constitutionnel, 2022 / vie-publique.fr

La procuration : un usage en essor

Pour la première fois lors des élections présidentielle et législatives de 2022, les électeurs ont pu établir des procurations en désignant un mandataire inscrit dans une commune différente de celle où ils sont établis. En 2022, 6,7 % des 48,8 millions d'électeurs inscrits sur les listes électorales en France ou à l'étranger ont donné une procuration de vote pour au moins l'un des tours des élections présidentielle ou législatives (Insee, 2022).

Le saviez-vous ?

Avec l'adoption par référendum du quinquennat en 2000, le mandat présidentiel a désormais la même durée que celui des députés. Les élections législatives qui suivent l'élection présidentielle ont très clairement pour enjeu la désignation d'une majorité présidentielle. L'objectif d'éviter les situations de « cohabitation » entre une majorité gouvernementale et un président d'appartenances politiques opposées a jusqu'à présent été atteint.

59 | Un Parlement renforcé ?

Une Assemblée sans majorité absolue

Les élections législatives de juin 2022 n'ont pas donné la majorité absolue à la coalition de partis soutenant le Président et le gouvernement, celle-ci n'obtenant qu'une majorité relative (245 sièges). La Nouvelle Union populaire écologique et sociale (Nupes), rassemblant, entre autres formations, Europe Écologie Les Verts, la France insoumise, le Parti communiste et le Parti socialiste, remporte 131 sièges et le Rassemblement national (RN) 89. Le taux d'abstention record (53,77 %) et les nombreux votes blancs (2,54 % des inscrits et 5,50 % des votants au deuxième tour) ont paru confirmer une crise de la démocratie représentative.

Des majorités d'idée

En l'absence de majorité absolue à l'Assemblée nationale, le gouvernement dispose de plusieurs moyens pour faire adopter ses projets de loi. Il peut par exemple tenter de constituer des majorités d'idée parmi les députés pour que ses projets de loi soient adoptés. Reste que la répartition des sièges à l'Assemblée nationale est de nature, *a priori*, à redonner une certaine importance au Parlement.

L'article 49.3

L'article 49.3 permet au gouvernement d'engager sa responsabilité sur un texte de loi (ce texte est adopté, sauf si une motion de censure est votée par une majorité absolue des députés). Mais, depuis la révision constitutionnelle de 2008, cet outil ne peut être utilisé que pour un seul texte au cours d'une même session parlementaire, hormis les projets de loi de finances ou de financement de la sécurité sociale. Dans l'histoire de la Ve République, le record d'utilisation du 49.3 revient à Michel Rocard (28 fois) qui avait dû, lui aussi, gouverner avec une majorité relative.

Législatives 2022 : la répartition des sièges par nuance politique

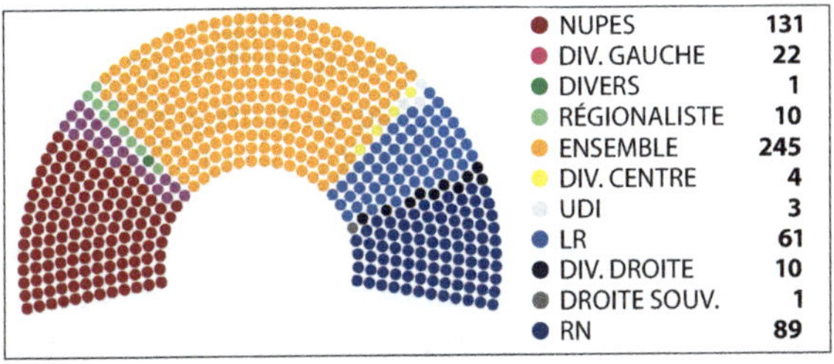

Source : ministère de l'Intérieur / vie-publique.fr

Sigles : NUPES, Nouvelle Union populaire écologique et sociale ; UDI, Union des démocrates indépendants ; LR, Les Républicains ; RN, Rassemblement national.

Quel est le profil des députés ?

52,34 %
Part des nouveaux députés
(contre 75 % en 2017)

48,5 ans
Âge moyen
(contre 41 ans en 2017)

37,5 %
Part des femmes
(215 au total contre 224 femmes en 2017)

Source : Assemblée nationale, juin 2022.

La première femme présidente de l'Assemblée nationale

Le 28 juin 2022, Yaël Braun-Pivet, candidate de la majorité, est élue présidente de l'Assemblée nationale. Elle est la première femme à accéder à ce poste.

60 | Quelles réformes pour les collectivités territoriales ?

Décentralisation et déconcentration

La décentralisation a fait l'objet de deux grandes séries de lois : l'« acte I » de 1982-1983 et l'« acte II » de 2002-2004. Depuis les années 1990, l'accent a été mis sur la coopération intercommunale. Ce processus s'est accompagné d'une déconcentration croissante des services de l'État dans les régions et les départements : à partir de 2009-2010, les services déconcentrés ont fait l'objet d'une profonde réorganisation, dans le cadre d'une réforme d'ensemble de l'administration territoriale.

Un cadre électoral révisé

Avec la loi du 17 mai 2013 relative à l'élection des conseillers départementaux, des conseillers municipaux et des conseillers communautaires, la création de conseillers territoriaux, qui devaient remplacer (loi de 2010) à la fois les conseillers régionaux et généraux, fut abandonnée. En revanche, la légitimité des intercommunalités fut renforcée avec l'élection au suffrage universel, en 2014, des conseillers communautaires. Enfin, les conseillers départementaux (avec obligation de parité) ont remplacé les conseillers généraux dans les conseils départementaux élus en 2015.

Une réforme au long cours

Afin de constituer des régions plus fortes, la loi du 16 janvier 2015 en a réduit le nombre, passé de 22 à 13 en métropole. La loi du 7 août 2015 sur la nouvelle organisation territoriale de la République (loi « NOTRe ») accroît les compétences des régions mais réserve aux seules communes la clause de compétence générale. Enfin, le projet de loi dite « 3DS » (différenciation, décentralisation, déconcentration et simplification) a été adopté le 9 février 2022.

Quelle répartition des compétences ?

La loi du 27 janvier 2014 avait rétabli la clause de compétence générale pour les départements et les régions, supprimée en partie par celle de 2010. Elle désigne des « chefs de file » lorsque plusieurs niveaux de collectivités participent aux mêmes compétences et crée, dans chaque région, une conférence territoriale de l'action publique. Elle a créé la métropole du Grand Paris (131 communes) et défini des dispositions spécifiques pour les métropoles de Lyon et Aix-Marseille-Provence.

L'intercommunalité achevée et rationalisée

La loi du 16 décembre 2010 de réforme des collectivités territoriales visait l'achèvement et la rationalisation de la carte intercommunale, c'est-à-dire la couverture de l'ensemble du territoire par des intercommunalités de taille suffisamment grande. Le bilan est positif : au 1er janvier 2022, on comptait 1 254 établissements publics de coopération intercommunale (EPCI), à fiscalité propre regroupant la quasi-totalité des 34 955 communes françaises (à l'exception de quatre îles mono-communales qui bénéficient d'une dérogation). La population moyenne des EPCI se répartit par tiers entre communautés urbaines et métropoles (34 %), communautés d'agglomération (34 %) et communautés de communes (32 %). Leur poids s'est accru ; ceci s'explique notamment par la nouvelle carte des intercommunalités qui a réduit leur nombre de 40 % en les dotant de compétences renforcées.

2022 : des dates anniversaires pour deux grands textes emblématiques de la décentralisation

La loi du 2 mars 1982 relative aux droits et libertés des communes, des départements et des régions a fêté ses 40 ans. La loi du 6 février 1992 relative à l'administration territoriale de la République a fêté ses 30 ans.

61 | Une République réellement décentralisée ?

Qu'est-ce que la décentralisation ?

La décentralisation se définit comme le transfert de compétences administratives de l'État aux collectivités territoriales. Leurs assemblées délibérantes sont élues et exercent leurs compétences de façon autonome mais sous le contrôle *a posteriori* d'un représentant de l'État (le préfet). Concrètement, par exemple, les départements sont chargés de l'action sociale. Ainsi, c'est à leur niveau qu'a été réalisée, en 2009, la généralisation du revenu de solidarité active (RSA), à la suite d'une expérimentation de deux ans, menée dans 34 départements.

Les collectivités territoriales, un rôle croissant souvent méconnu

Depuis 2003, « l'organisation de la République est décentralisée » (art. 1er de la Constitution). Les collectivités territoriales (commune, département, région) sont ainsi le premier investisseur public, loin devant l'État, à hauteur de près de 70 % des investissements publics. Cela représente quelque 10 % de l'investissement (public + privé) de l'économie française.

La clause générale de compétence

La loi de 2010 avait supprimé, pour les départements et les régions, la « clause générale de compétence », qui permet à une collectivité de régler par ses délibérations toutes les affaires relevant de son niveau. La loi du 27 janvier 2014 l'a rétablie, avant que la loi du 7 août 2015 ne la supprime à nouveau pour ces collectivités. Depuis cette loi, la clause générale de compétence concerne uniquement les communes. Le débat, apparemment technique, était aussi de nature politique et démocratique.

Nouveau schéma de financement des collectivités territoriales

L'année 2021 a vu l'entrée en vigueur du nouveau schéma de financement des collectivités territoriales. Ce qui a entraîné la suppression (partielle) de la taxe d'habitation sur les résidences principales et la baisse des impôts dits « de production ». Les lois de finances pour 2020 et 2021 ont en effet introduit des mesures d'allègement concernant les impôts locaux et ont donc modifié la structure des ressources des collectivités : en 2021, les recettes fiscales locales ont baissé : 65,6 milliards d'euros contre 97,8 milliards en 2020. Ces mesures nouvelles ont cependant intégralement été compensées par l'État, dont des transferts de TVA à hauteur de 32,6 milliards. D'une manière générale, la situation financière des collectivités s'est améliorée en 2021 par rapport à 2019, ce qui montre leur résilience face aux effets de la crise de la Covid-19.

La réouverture de sous-préfectures en zones rurales et périurbaines

Le 10 octobre 2022, le président Emmanuel Macron a annoncé la réouverture de six sous-préfectures, en métropole et en outre-mer, qui avaient été supprimées au cours des dernières années. Ce qui témoigne de l'attention que l'État entend porter aux territoires ruraux en remettant « une présence au plus près du terrain ».

2 379 France services labellisés en avril 2022

À travers la création de ce guichet unique, l'objectif est de permettre à chaque citoyen, quel que soit le lieu où il vit, d'accéder aux services publics et d'être accompagné dans ses démarches (*cf.* Q59).

Le saviez-vous ?

Le nombre de communes ne cesse d'évoluer depuis 1789. Il est, depuis plusieurs années, orienté à la baisse, les fusions de communes étant encouragées. Au 1er janvier 2022, la France (métropole et outre-mer) compte 34 955 communes.

62 | Où en est l'euro ?

De crises en réformes

La crise financière de 2008 a entraîné une récession et une forte augmentation des déficits publics des États membres de la zone euro. Les réformes des années 2010 ont notamment permis une réduction partielle du déficit budgétaire de certains États, mais ont contribué à un ralentissement de l'économie et à un accroissement de la pauvreté dans d'autres. Après 2014, la croissance est repartie à la hausse malgré un environnement international moins porteur. Puis se sont succédé politiques d'austérité budgétaire et tentatives de relance de l'activité. En 2020, en réponse à la crise sanitaire, les Vingt-Sept ont adopté un ambitieux plan de relance à hauteur de 750 milliards d'euros, scindé en subventions (500 milliards) et en prêts (250 milliards). Après la récession économique en 2020 puis un retour à la croissance à partir du deuxième trimestre 2021, dès février 2022, la guerre en Ukraine a contribué à ralentir la croissance économique et provoqué un retour de l'inflation.

Une zone euro en danger ?

À partir de mars 2020, afin que la crise ne dégénère pas en crise financière, la Banque centrale européenne (BCE) a annoncé la mise en œuvre de mesures monétaires et budgétaires qui ont permis aux États de soutenir leur économie mais ont accru l'hétérogénéité au sein des 19 pays de la zone euro en termes d'endettement public. Certains économistes dénoncent le risque de « créer » de la dette perpétuelle, voire d'inciter à terme certains États à sortir de la zone euro. Face à la flambée des prix depuis l'été 2022, notamment ceux de l'énergie, la BCE a décidé de relever les taux d'intérêt pour endiguer l'inflation, avec le risque toutefois de freiner la croissance.

L'euro, qui en fait partie ? Depuis quand ?

Le passage à la monnaie unique a eu lieu le 1er janvier 1999. Mais les pièces et les billets n'ont été mis en circulation que le 1er janvier 2002. La zone euro compte aujourd'hui vingt États membres : l'Allemagne, l'Autriche, la Belgique, la Croatie (intégré au 1er janvier 2023), l'Espagne, la Finlande, la France, l'Irlande, l'Italie, le Luxembourg, les Pays-Bas, le Portugal et la Grèce (2001), la Slovénie (2007), Chypre et Malte (2008), la Slovaquie (2009), l'Estonie (2011), la Lettonie (2014) et la Lituanie (2015). Quatre micro-États européens (Andorre, Monaco, Saint-Marin et le Vatican) ont obtenu le droit d'utiliser l'euro. Le Monténégro et le Kosovo utilisent également l'euro *de facto*.

Comment adhère-t-on à la zone euro ?

Tout État membre de l'Union européenne candidat doit respecter les « critères de convergence » requis, notamment en termes de dette et de déficit publics. La candidature des États membres souhaitant rejoindre la zone euro est ensuite validée (ou pas) par la Commission européenne et la BCE, puis ratifiée par le Conseil des ministres Ecofin en consultation avec le Parlement européen et les chefs d'État et de gouvernement des Vingt-Sept. Selon l'Eurobaromètre 2022, les opinions publiques des sept pays qui ont vocation à adopter à terme l'euro présentent des situations contrastées : nette faveur en Hongrie (63 % « pour », 31 % « contre ») et en Roumanie (55 % contre 31 %) ; opinions partagées en Croatie (48 % contre 45 %) et en Bulgarie (40 % contre 41 %) ; opposition majoritaire en République tchèque (40 % contre 60 %) et en Pologne (34 % contre 56 %), et plus encore en Suède (25 % contre 73 %).

63 Que représente l'Union européenne pour la France ?

Un engagement profond…

Du fait de son poids politique, économique et démographique, la France continue de jouer dans l'Union européenne un rôle de premier plan, même s'il lui est moins facile d'imposer ses vues à vingt-sept qu'à six. Avec près de 28 milliards d'euros pour 2022, elle est le deuxième pays contributeur au budget de l'Union, derrière l'Allemagne et devant l'Italie. La France est également le deuxième bénéficiaire en volume des politiques et des subventions de l'Union européenne (derrière la Pologne). Ce ne sont pas moins de 66 milliards d'euros qu'elle devrait notamment recevoir durant la période 2021-2027 dans le cadre de la Politique agricole commune (PAC).

… mais ambigu

La France a freiné à plusieurs reprises l'intégration européenne. En 1954, elle a porté un coup d'arrêt à la Communauté européenne de défense. En 2005, les Français ont rejeté par référendum le projet de Constitution européenne. Elle est réticente à l'égard d'une Europe trop fédérale ou limitée à un simple marché économique. Elle défend la conception d'une Europe fondée sur la cohésion sociale et sur une politique économique socialement soutenable mêlant relance de la croissance et rigueur budgétaire. La France défend également l'avènement d'une « Europe-puissance », au rôle accru dans les relations internationales sans toutefois vouloir sacrifier sa capacité d'agir seule.

Une élève en progrès de la classe Europe

La Commission européenne diffuse périodiquement un tableau de bord comparant les résultats des États membres en matière d'application du droit communautaire. En 2020, la France figure parmi les États membres ayant obtenu le meilleur résultat en matière de transposition avec 0,3 % de directives européennes sur le marché unique non transposées, c'est-à-dire non introduites dans le droit national.

Le poids de la France dans les institutions européennes

Depuis le 1er février 2020, c'est-à-dire à l'issue du retrait du Royaume-Uni de l'Union, la France détient 11,2 % des sièges au Parlement européen (79 sur 705), contre 19,8 % en 1979 (première élection des députés européens). En cas de vote à la majorité qualifiée au sein du Conseil des ministres de l'Union ou au Conseil européen (55 % des membres représentant 65 % de la population de l'Union), la France compte pour un État membre (sur 27, depuis le Brexit). Elle rassemble près de 15 % de la population européenne.

Une PFUE bouleversée par la guerre en Ukraine

Du 1er janvier au 30 juin 2022, la France a assuré la présidence tournante du Conseil de l'Union européenne (PFUE). Elle n'avait pas eu l'occasion de s'acquitter de cette responsabilité depuis 2008. Dans un contexte bouleversé à partir de février par l'invasion de l'Ukraine par la Russie, la présidence française a fait avancer plusieurs dossiers importants. Des compromis ont notamment été trouvés concernant la lutte contre le réchauffement climatique (avec l'adoption d'un objectif de réduction de 55 % des émissions de gaz à effet de serre à l'horizon 2030 par rapport à 1990), les droits sociaux (projet de directive sur un salaire minimum), la régulation des géants du numérique, la sécurité et la défense (adoption d'une « boussole stratégique »).

64 | L'Union européenne, entre extension et dilution ?

De six à vingt-huit… puis vingt-sept

Après sept vagues d'élargissement, l'Union européenne est passée de six États membres en 1957 à vingt-huit en 2013. En 2020, le départ du Royaume-Uni a ramené l'Union à vingt-sept membres. Depuis juin 2022 et la reconnaissance de la Moldavie et de l'Ukraine comme candidats, sept pays ont le statut de candidat officiel : l'Albanie, la Macédoine du Nord, le Monténégro, la Moldavie, la Serbie, la Turquie et l'Ukraine. La Bosnie-Herzégovine, la Géorgie et le Kosovo sont des candidats potentiels.

Brexit : un « divorce » aux conséquences inconnues

La signature de l'Accord de commerce et de coopération le 30 décembre 2020 entre le gouvernement britannique et la Commission européenne a marqué l'épilogue d'un processus commencé quatre ans et demi plus tôt, le 23 juin 2016, lorsqu'une majorité d'électeurs britanniques choisit de sortir de l'Union européenne. La procédure formelle de retrait s'est achevée avec la sortie effective du Royaume-Uni le 1er février 2020, moyennant une période de transition d'un an. Mais l'accord ne résout pas tout. Que ce soit à propos des vaccins contre la Covid-19, de l'accès des pêcheurs européens aux eaux territoriales britanniques ou de la question de l'Irlande du Nord, l'actualité n'a depuis cessé de rappeler la complexité des nouvelles relations à bâtir entre Londres et Bruxelles.

Vers un nouvel élargissement de l'Union

En 2013, l'entrée de la Croatie dans l'Union avait suscité peu d'écho. Lors du sommet de Brdo en Slovénie, en octobre 2021, l'Union européenne a par la suite confirmé son soutien au processus d'élargissement à six pays des Balkans occidentaux (Albanie, Bosnie-Herzégovine, Kosovo, Macédoine du Nord, Monténégro et Serbie), sans toutefois fixer de date butoir.

Après le début de la guerre en Ukraine en février 2022, trois pays ont demandé à adhérer à l'Union européenne : l'Ukraine, la Moldavie et la Géorgie. Le Conseil européen de juin 2022 a rapidement accordé à l'Ukraine et à la Moldavie le statut de candidat.

Des frontières de l'Union encore à définir

La question des frontières de l'Union revêt avant tout une dimension politique. En effet, le critère géographique n'est pas suffisant pour justifier l'adhésion d'un État puisque deux pays déjà membres de l'Union sont géographiquement africain (Malte) et asiatique (Chypre). Seule la volonté politique des États membres peut décider des limites de l'Union.

La création d'une Communauté politique européenne

En réponse au conflit en Ukraine, quarante-quatre pays se sont réunis pour la première fois, à Prague le 6 octobre 2022, lors du premier sommet de la Communauté politique européenne (CPE). Seules la Russie et la Biélorussie n'étaient pas invitées. Le président Macron est à l'origine de ce projet de cercle européen élargi qui entend proposer aux États situés aux marges du continent et de l'Union européenne une structure politique plus souple qui, sans se substituer à une éventuelle future adhésion à l'Union, associe pleinement ces États à la famille européenne, notamment dans le domaine de la coopération économique.

65 Quel rôle la France joue-t-elle dans la mondialisation ?

Un acteur influent

La France est la septième économie mondiale (après les États-Unis, la Chine, le Japon, l'Allemagne, le Royaume-Uni et l'Inde) et la deuxième économie de l'Union européenne après l'Allemagne. À ce titre, elle prend part aux réflexions sur les effets de la mondialisation et sur la manière de la réguler. Son influence s'exprime notamment dans le cadre du G20, qui réunit les 19 chefs d'État et de gouvernement des pays les plus industrialisés et des puissances émergentes ainsi que l'Union européenne. C'est d'ailleurs sur une idée française qu'ont été créés les sommets, d'abord du G5 en 1974, puis du G6 en 1975, du G7 en 1976, du G8 en 1998, puis du G20 en 2008 (en 2014, à la suite de l'annexion de la Crimée, la Russie a été exclue du G8, qui a donc depuis repris son format G7).

Des objectifs ambitieux

La France encourage l'action du G20 dans les domaines sociaux, agricoles et en faveur du développement. Elle plaide pour une réforme du système monétaire international et de la gouvernance mondiale. Avec la crise financière mondiale de 2008, la mise en place d'une meilleure régulation des marchés financiers est devenue une priorité. La concertation avec les États émergents, passés d'une situation de débiteurs à celle de créanciers du reste du monde, s'est également imposée. Ainsi, en octobre 2021, les réserves de change de la Chine étaient d'environ 3 200 milliards de dollars (1er rang mondial), contre quelque 216 milliards pour la France.

La France et la première mondialisation

Entre 1860 et 1914 se déroule une première mondialisation économique. Une forte libéralisation des échanges internationaux se développe, en particulier à l'initiative de la Grande-Bretagne et de la France. Elle est favorisée par la baisse significative des coûts de transport, qui permet le financement international de réseaux de chemins de fer et des liaisons maritimes alors en plein essor. Les investissements étrangers progressent et concernent d'abord des secteurs comme les mines ou l'agriculture. Les épargnants français achètent en masse des emprunts russes. Certains sont ruinés par la révolution de 1917, le nouvel État soviétique plutôt refusant d'honorer les dettes de l'Empire tsariste.

Le G20 en une formule

« Le G20 = 75 % du commerce mondial, 85 % du produit intérieur brut (PIB) mondial et 2/3 de la population mondiale. » Le G20 regroupe, au niveau des chefs d'État et de gouvernement, les pays du G7 (Allemagne, Canada, États-Unis, France, Italie, Japon et Royaume-Uni), l'Australie, la Corée du Sud ainsi que l'Afrique du Sud, l'Arabie saoudite, l'Argentine, le Brésil, la Chine, l'Inde, l'Indonésie, le Mexique, la Russie, la Turquie et, enfin, un dernier membre, qui n'est pas un État : l'Union européenne.

Le saviez-vous ?

De nombreux Français ont joué un rôle actif dans la création de plusieurs organisations internationales de premier plan. Albert Thomas (1878-1932) a ainsi été le premier directeur général du Bureau international du travail (BIT), secrétariat permanent de l'Organisation internationale du travail (OIT), fondée en 1919. En 1975 a lieu en France, à l'initiative du président Valéry Giscard d'Estaing, une rencontre entre les chefs d'État des principaux pays du monde occidental relative aux désordres économiques de l'époque (dont le choc pétrolier de 1973). Elle préfigure la création du G6, puis du G7.

66 | Quel engagement dans les conflits internationaux ?

Une guerre en Europe : l'Ukraine

En lançant une offensive militaire contre l'Ukraine le 24 février 2022, la Russie a bafoué le droit international, notamment la charte des Nations unies. Dès le premier jour de la guerre, la France a donc décidé, avec ses partenaires européens, de soutenir l'Ukraine à défendre sa souveraineté et son territoire, sans être en guerre avec la Russie. Les 27 États membres de l'Union européenne ont notamment adopté plusieurs paquets de sanctions à l'encontre de la Russie afin de l'isoler du système financier international et de faire pression sur les soutiens politiques et économiques du régime russe. La France a également envoyé du matériel militaire au gouvernement ukrainien et fourni une aide humanitaire au peuple ukrainien, notamment aux millions de réfugiés.

Dans le monde

À l'été 2022, près de 30 000 militaires français étaient engagés sur le territoire national et à l'extérieur de ses frontières. Outre l'engagement des armées françaises dans le renforcement de l'OTAN sur le flanc est de l'Europe en lien avec la guerre en Ukraine, les militaires français participent à plusieurs opérations militaires extérieures (OPEX) multilatérales. Les opérations de maintien de la paix sont quant à elles menées en collaboration avec les organisations internationales et les armées locales, essentiellement en Afrique subsaharienne.

En Irak-Syrie et au Liban

Lancée en septembre 2014, l'opération Chammal consiste pour les armées françaises à assurer un soutien aux forces irakiennes dans leur lutte contre l'organisation État islamique (Daech). Le dispositif compte plus de 600 militaires français.

La France est présente au Liban depuis 1978 (opération Daman), ce qui représentait à l'été 2022 près de 700 soldats.

Au Sahel

Depuis 2013, la France est engagée dans les opérations Serval puis Barkane au Sahel, afin d'empêcher la reconstitution de sanctuaires terroristes dans la région. En août 2022, la France a décidé de retirer ses forces armées du Mali et de les replover dans les pays voisins, notamment au Niger. La présence militaire de la France au Sahel a été à cette occasion divisée par deux, passant à 2 500 militaires.

L'opération Sentinelle contre le terrorisme

Dans le cadre du renforcement du plan Vigipirate après les attentats de 2015, 10 000 soldats (dont 3 000 en réserve) sont déployés en complément des forces de police et de gendarmerie sur l'ensemble du territoire national. Le coût complet de l'opération Sentinelle a été estimé en septembre 2022 à près de 3 milliards d'euros par la Cour des comptes, qui a plaidé pour que la gendarmerie et la police prennent le relais de l'armée.

Le coût des opérations militaires

Le coût des opérations extérieures (OPEX) et intérieures (MISSINT) menées par la France a fortement augmenté ces dernières années. Il avoisinait les 1,5 milliard d'euros en 2021. Le coût unitaire d'une opération extérieure aurait plus que doublé depuis une décennie, pour atteindre plus de 100 000 euros par soldat déployé par an (Cour des comptes).

67 | Quelle influence la France a-t-elle dans le monde ?

Promouvoir la culture et la langue françaises

La France est soucieuse de développer son *soft power*, c'est-à-dire une politique d'influence systématique dans le monde. Elle dispose de plusieurs outils comme l'audiovisuel (notamment la chaîne France 24), les Instituts français, les Alliances françaises, etc.

Avec 321 millions de locuteurs francophones en 2021, (Observatoire de la langue française, 2022), le français, présent sur tous les continents, est la cinquième langue la plus parlée au monde. En 2021, 93 millions d'élèves et d'étudiants ont suivi dans le monde leurs enseignements en français. Son apprentissage progresse sur tous les continents, sauf en Europe. Le français est langue officielle dans 32 États ainsi que dans les grandes organisations internationales.

La diplomatie économique et commerciale

La diplomatie française prend en compte la défense des intérêts économiques du pays : la quête de contrats et la vigueur des exportations sont en effet des conditions importantes du dynamisme de la croissance intérieure. Les services et les missions économiques à l'étranger, rattachés aux ambassades, participent à la mise en œuvre de cet objectif. Pour cela, la France dispose avec ses 163 ambassades du troisième réseau diplomatique mondial, après les États-Unis et la Chine. D'autres organismes existent, comme Expertise France, l'agence française de coopération technique internationale, qui met ses compétences au service des pouvoirs publics des pays partenaires.

Polyphonies françaises

Le groupe France Médias Monde (FMM) réunit des radios et des télévisions françaises ayant une diffusion internationale (Radio France Internationale – RFI –, qui émet en plus d'une dizaine de langues, Monte Carlo Doualiya – radio universaliste en langue arabe – et la chaîne d'information continue France 24 qui émet en français, anglais, arabe et espagnol). Il représente également les intérêts français au sein de la télévision francophone TV5 Monde. Enfin, une autre filiale de FMM, Canal France International, apporte aux professionnels et aux entreprises médias des pays du Sud une expertise technique, notamment dans le domaine numérique.

Les Français à l'étranger

On estime à 2,5 millions le nombre de Français vivant à l'étranger, dont 1,61 million inscrits au registre des Français établis hors de France au 1er janvier 2022. Environ la moitié d'entre eux a choisi l'Europe, devant le continent africain et l'Amérique du Nord. On constate une baisse depuis 2019, en partie liée à la crise sanitaire et à la décision d'interruption de l'expatriation d'un certain nombre de Français contraints de rentrer en France ou de s'établir ailleurs.

Le rôle important des outre-mers

Forte de ses départements d'outre-mer, de ses collectivités d'outre-mer, de ses Terres australes et antarctiques, la France possède le deuxième domaine maritime mondial après les États-Unis. Le contrôle et la surveillance d'espaces maritimes de plus de 10,2 millions de km^2, répartis sur tous les océans, représentent autant d'enjeux économiques que stratégiques. Les outres-mers représentent également 80 % de la biodiversité française et un potentiel immense en matière d'exploration, d'exploitation, d'énergie renouvelable, de tourisme, de développement et de croissance.

DOC EN POCHE
ENTREZ DANS L'ACTU

Déjà parus

Parlons retraite en 30 questions
Antoine Bozio

Parlons démographie en 30 questions
Jacques Véron

Parlons climat en 30 questions
Christophe Cassou et Valérie Masson-Delmotte

France 2022, les données clés
La Documentation française

Le président de la République en 30 questions
Isabelle Flahault et Philippe Tronquoy

Parlons décentralisation en 30 questions
Vincent Aubelle et Éric Kerrouche

Parlons école en 30 questions
Pierre Merle

Parlons laïcité en 30 questions
Jean Baubérot et Micheline Milot

Parlons immigration en 30 questions
François Héran

Parlons impôts en 30 questions
Jean-Marie Monnier

Parlons banque en 30 questions
Jézabel Couppey-Soubeyran et Christophe Nijdam

Parlons mondialisation en 30 questions
Eddy Fougier

Parlons sécurité en 30 questions
Éric Heilmann

L'Assemblée nationale en 30 questions
Bernard Accoyer

Parlons jeunesse en 30 questions
Olivier Galland

Parlons justice en 30 questions
Agnès Martinel et Romain Victor

Parlons gaz de schiste en 30 questions
Pierre-René Bauquis

Parlons prison en 30 questions
Sarah *Dindo*

...

À paraître

Parlons nucléaire en 30 questions (3e éd., 2023)
Paul Reuss

Parlons dette en 30 questions (3e éd., 2023)
Jean-Marie Monnier

Parlons santé en 30 questions (nov. 2023)
Dominique Polton

Collection complète
https://www.vie-publique.fr/doc-en-poche

Imprimerie de la Direction de l'information légale et administrative
N° 663220090-001222 – Dépôt légal : janvier 2023

PEFC 10-31-2190 IMPRIM'VERT®